살리는 설교

아트설교연구원설교시리즈 2

아트설교연구원설교시리즈 2

살리는 설교

지은이 김도인 박윤성 권오국 이재영 석근대 박혜정
김현수 남정우 김인해 황상형 허진곤 이지철

발행일 초판 1쇄 발행 2025년 3월 6일
발행인 김도인
펴낸곳 글과길

출판사 등록 제2020-000078호[2020.5.29.]
서울특별시 송파구 삼학사로 19길 5 3층
wordroad29@naver.com
편집 이재영
디자인 안영미
공급처 하늘유통
경기도 파주시 광탄면 분수리 350-3
전화 031—947-7777
팩스 0505-365-0691

ISBN 979-11-988511-4-7 03230
값 17,000원

김도인
박윤성
권오국
이재영
석근대
박혜정
김현수
남정우
김인해
황상형
허진곤
이지철

살리는 설교

아트설교연구원설교시리즈 2

글과길

추천사

신학교에서 설교학을 강의하던 정장복 교수님은 설교는 '성언운반일념'으로 해야 됨을 수없이 강조한다. 또한 설교는 내가 준비한 만큼 성령도 역사하신다고 말씀하시며 설교자의 성실한 태도를 강조한다.

시간이 흘러 제가 박사과정을 공부할 때, 설교의 형식을 강의하시면서 이전과는 상당히 다른 발전된 형식으로 강의했다. 당시 이런 말씀을 했다. "여러분이 이렇게 설교하면 상당히 큰 충격을 느끼게 될 것입니다." 당시 교회에서 배운 형식대로 설교를 해보았다. 뭔가 새로운 형식으로 설교함으로 신선함을 느낄 수가 있었다. 그러나 정작 나 자신은 상당히 불만족스러운 상황에 직면해야만 했다. 그때 새롭게 설교의 방법론 문제로 고민하지 않을 수 없었다.

《살리는 설교》를 읽을 때 평생 설교해온 목회자로서 적지 않은 감동과 도전을 받았다. 특히 '죽이는 설교'를 먼저 언급한 후에 '살리는 설교'의 대안을 제시하며 강조하는 것이 커다란 울림을 준다. 그중에서도 '메시지'보다 '메신저'가 설교를 살린다고 하는 내용은 평생토록 설교하며 살아야 할 목회자들이 마음속에 품어야 한다. 이 책에서 '설교자의 삶이 살아야 설교가 산다'도 깊은 공감을 가져다준다.

설교는 청중으로 하여금 하나님 나라 세계관을 갖도록 만드는데 목적을 두어야 한다. 이 땅에 발을 딛고 사는 청중이 영원한 천국을 바라봐야 한다. 천국의 주인 되신 주님을 바르게 알고 섬기며 증거해야 한다.

설교자는 먼저 하나님의 마음을 지녀야 한다. 동시에 청중의 심정을 깊이 이해해야 한다. 이 책에서 문해력이 청중보다 훨씬 높아야 된다고 강조하는데, 설교자의 사명과 책임이 얼마나 귀한지를 다시 한 번 깨달음은 물론, 거룩한 부담감을 갖게 한다. 결론적으로 설교자가 살릴 수 있어야 한다. 설교자가 살면 청중을 살린다.

설교자는 국내외적으로 혼란스러운 현실 속에서도 분명한 방향성을 가져야 한다. 설교자는 하나님과 사람 앞에 자신을 새롭게 다

듣고 정비해야 한다. 설교자는 거룩한 사명을 감당해야 한다. 설교자가 일독함으로 설교자가 설교로 교회를 살리자 하는 마음으로 기쁨으로 이 책을 추천하는 바이다.

박남주 목사 | 무주장로교회 담임

고대 수사학에서는 말하고 글을 쓰는 자들에게 수사학적 훈련이 필수였다. 오늘날 목회자들은 수사학 훈련 없이 설교한다.

설교는 단순한 언변에 의해서가 아니라, 설교자의 삶과 영성이 깃든 에토스적 메시지여야 한다. 하지만 피 흘리듯 처절하게 삶의 메시지를 전하려는 설교자를 더 찾아보기 어려운 시대를 살고 있다.

설교자는 설교 준비, 작성, 전달에 온 마음과 정성을 쏟아야 한다. 밥이 설익으면 씹을 때마다 거친 쌀이 느껴지듯, 충분히 숙성되지 않은 설교는 청중의 영혼을 아프게 할 뿐이다. 깊은 묵상과 철저한 연구 없이 던져진 말들은, 청중에게 독이 가득한 상처를 남길 뿐이다.

이런 점에서 이 책은 모든 설교자가 반드시 읽고 숙고해야 할 내용으로 가득하다. 저자들은 청중을 짓누르고 무력화하는 '죽이는 설교'가 아니라, 영혼을 일으키고 새 생명을 불어넣는 '살리는 설교'를 하자고 역설한다.

설교자의 화려한 수사보다 더 중요한 것은 말씀의 본질에 대한 철저한 헌신이다. 설교자가 할 헌신은 깊은 묵상과 설교 연구는 필수가 되어야 한다. 금광을 캐야 금을 얻듯, 좋은 설교를 위해서는 성경을 파고 또 파야 한다.

인공지능 기술의 발전으로 인한 챗GPT 활용과 여러 설교집을 짜깁기해 설교하는 시대이다. 설교는 단순한 정보의 조합이 아니다. 그것은 신학적 성찰과 영적 통찰을 요구하는 행위이다. 설교자의 삶과 신앙이 녹아든 메시지이다.

《살리는 설교》는 단순한 설교 기법을 넘어, 설교의 본질과 설교자의 삶이 어떻게 조화를 이루어야 하는지를 깊이 있게 성찰한다. 또한, 현대 설교가 나아가야 할 방향을 명확하게 제시함으로 설교자로서의 사명을 다시금 일깨운다.

모든 설교자, 신학자 그리고 말씀을 깊이 연구하고자 하는 목회자들에게 반드시 일독을 권한다.

김영한 목사 | 품는 교회 담임, Next 세대 Ministry 연구소 소장

아리스토텔레스는 수사학에서 대중을 상대로 설득하는 방법을 세 가지로 분류한다. 논리와 이성으로 호소하는 '로고스(Logos)', 정서와 감성으로 호소하는 '파토스(Pathos)', 발화자의 인격과 고유 성품에 바탕에 호소하는 '에토스(Ethos)'이다.

논리는 그동안 기독교 설교학에서도 핵심 방법이다. 덧붙여, 설교자의 열정 혹은 성령 충만함의 영역인 파토스, 설교자의 품위와 신실성의 영역인 에토스가 융합되어 청중들에게 로고스인 예수그리스도의 복음을 어떻게 선포하고 설득할 것인지에 대해 준용하여 왔다.

로고스, 파토스, 에토스의 기반 위에 이번에 설계된《살리는 설교》는 설교자들에게 예사롭지 않은 통찰력을 전해주는 주제들로 가득하다. 이 책이 40년 동안 강단을 감당해온 저로서도 깊은 반성과 채찍을 경험케 해 주었다.

'시간 투자 없이 잘 준비되지 않은 설교', '남의 것을 내 것으로 가져온 설교', '기도와 묵상이 부족한 설교'가 청중을 죽이는 설교라는 사실을 강하게 어필하며 시작하는 이 책은 설교자들은 물론, 더 힘을 잃어가는 한국 교회와 강단에 새로운 영감과 도전을 주리라 생각된다.

특히, 교회 지도자들이 정치적 편향이나 세속적 이념에 경도되고, 또 都農 간 階層 간의 갈등 속에서 쏟아지는 심히 오염된 설교들과 영적으로 지치고 힘에 겨워하는 청중들과 목회자들이 꼭 읽고 힘을 얻으며 새로운 각성으로 삼는 계기이길 바란다.

이종학 목사 | 진안제일교회 담임

프롤로그

들리는 설교에서 살리는 설교로

설교하는 목적은 선명하다. 하나는 청중을 하나님의 자녀로 만들기 위해서다. 다른 하나는 설교를 듣고 죽는 것이 아니라 설교를 듣고 살기 위해서다. 설교가 들리면 청중은 죽지 않고 살아난다. 현실은 청중이 설교를 통해서 살기보다는 죽고 있다.

사람들은 바다가 죽어간다고 말한다. 바다가 죽는 것은 오염 때문이다. 바다가 죽느냐 사느냐의 지렛대는 산호이다. 해양 전문가들은 산호를 바다의 꽃이라고 칭한다. 바다의 꽃으로 불리는 산호가 죽어가는 것이 바다가 죽어가는 신호로 받아들인다. 죽어가는 바다를 살리는 것은 잘피숲이다.

바다가 죽으면 바다를 살리려 한다. 청중이 죽어 가면 청중을 살리려 해야 한다. 설교자는 청중을 살리려는 몸부림이 있어야 한다. 그 몸부림이 살리는 설교하기다.

설교자는 청중을 죽이는 최악이 아니라 살리는 최선을 가져야 한다. 필자는 학창시절에 주일 설교를 들으면 기분이 좋지 않아 교회가고 싶지 않았다. 설교를 들을 때마다 영혼이 살기보다는 죽어 간다고 느꼈다.

영혼을 죽이는 설교, 마음과 육체를 피곤하게 하는 설교, 듣자마자 잠에 빠지게 하는 설교를 듣고자 하는 청중은 없다. 당시 소중한 영혼이 살아야 하기에 교회에 가지 않겠다고 했다. 살리는 설교를 하는 다른 교회로 갈 수 있도록 해 달라고 했다. 몇 년간 영혼을 살리는 설교를 전해주는 교회 선택으로 어머니와 신앙전쟁(?)을 격렬하게 치렀다.

설교자들은 청중이 하나님 나라 세계관을 갖도록 만드는데 설교의 목적을 둔다. 죽이는 설교는 하나님 나라 세계관을 갖지 못하게 만들 확률이 높다. 살리는 설교로 설교자는 하나님 나라 세계관을 갖도록 하는 책임이 있다.

설교자들은 설교하면 청중이 살아난다고 생각한다. 죽어가는 청중이 많다는 생각은 하지 않을 자신이 있는가? 하나님의 말씀은 청중을 반드시 살린다. 그 말씀이 설교로 선포되는 순간 청중이 죽는 경우가 허다하다.

청중은 자기 영혼을 살리는 설교자를 목마른 사슴이 시냇물 찾듯이 찾는다. 영혼이 살아 있는 상태가 되기 위해 은혜가 넘치는 교회를 찾는다. 세상의 좋은 강연도 마다하지 않는다. 설교자는 생명의 말씀을 맛있게 요리해 청중을 살려야 한다. .

〈아트설교연구원 설교시리즈 1〉의 제목은 《설교트렌드 2025》이다. 부제가 '들리는 설교'다. 〈아트설교연구원 설교시리즈 2〉는 '살리는 설교'다. 들리는 설교는 설교가 들리지 않는다는 청중의 볼멘소리에의 답이다. 이번 책은 '살리는 설교'다. 살리지 못하는 설교가 많다는 청중의 목소리에 대한 대안 제시다.

아트설교연구원은 어떤 곳인가?

설교자들이 묻는다. 〈아트설교연구원〉은 어떤 곳인가? 한 마디로 글쓰기를 통해 설교를 배우는 곳이다. 설교를 배우는 곳이 많다. 글쓰기로 설교를 배우는 곳은 아트설교연구원 뿐이다. 세상에 나온 지 16년 되었다.

수많은 설교자들이 거쳐 갔다. 아트설교연구원은 들리는 설교,

살리는 설교, 보이는 설교를 위한 원리와 방법을 제시한다. 매주 20 페이지 이상의 과제 제출하길 원한다. 많은 과제를 제출하게 하는 것은 살리는 설교를 할 수 있는 능력을 갖추기 위함이다. 설교자가 살리는 설교를 하려면 혹독한 훈련은 필수다.

수업은 단순하다. 수강생은 주어진 과제에 대한 글을 쓴다. 쓴 글에 대해 멘토로부터 피드백을 받는다. 수업을 통해 지적인 성장을 이룬다. 자기를 정확히 보도록 해 메타인지를 갖춘다. 어느 정도 훈련을 받으면 탁월한 살리는 설교자가 된다.

하나의 설교가 나오기까지 많은 과정이 필요하다. 첫째, 설교할 본문을 선택한다. 둘째, 선택한 본문을 묵상한다. 셋째, 설교 구성을 한다. 넷째, 설교문을 작성한다. 다섯째, 설교 원고를 퇴고한다. 여섯째, 설교를 연습한다. 일곱째, 설교를 한다.

이중 중앙에 위치한 것이 설교 작성이다. 설교 작성은 설교자가 가진 능력을 총동원해 글로 문장 전체를 쓴다.

필자가 보기에 설교자들은 인격이 탁월하다. 아주 착해 사람이 좋다. 주어진 책임을 성실하게 감당한다. 자신이 알고 있는 것을 전달하는 스피치 능력이 출중하다. 영적인 무장이 잘 되어 있다. 부족한 한 가지가 있다. 설교자가 갖추어야 할 문해력이다. 설교자의 문해력이란 글을 해독하는 수준이 아니다. 스스로 글을 써서 자신만의 설교를 만들 수 있는 능력이다. 그러기 위해 뒤따를 것이 독서다.

일주일에 4권 이상 독서해야 한다.

〈아트설교연구원 설교시리즈〉는 아트설교연구원에서 설교 글쓰기 훈련을 2년 정도 마친 회원들 그리고 외부 필자들과 함께 해 책을 출간한다. 앞으로 10권 전후의 책을 출간할 계획이다. '보이는 설교', '말하는 설교', '청중을 변화시키는 설교', '감동적인 설교', '세상과 공감하는 설교', '세상을 품어내는 설교' 등등의 주제로 책을 쓴다.

살리는 설교는 마음가짐이 중요하다

설교는 들리는 것이 기본이다. 설교자가 준비한 설교 내용, 강단에서 전하는 설교자의 말이 청중에게 들려야 한다. 설교가 들려야 청중이 산다.

음악 책 중 웬디 톰슨의《위대한 작곡가의 생애와 예술 - 그림과 함께 보는 클래식》에는 종교 음악도 그 가사가 들리지 않았다고 말한다. 그러자 트렌드 공의회에서 이를 다뤘다. 공의회는 교회의 개혁을 추진하면서 교회 음악은 그 가사가 분명히 들릴 수 있어야 한다고 명시했다.

교회 음악의 가사가 청중에게 분명히 들려야 한다. 설교자의 설교도 청중에게 들려야 한다. 청중의 생명을 살리려면 먼저 설교가 들려야 한다. 설교가 들려야 하는 이유는 청중을 살리기 위함이다.

청중은 자신의 영혼이 살기 위해서 설교에 목숨을 건다. 청중은 간절함으로 설교 듣기에 임한다. 마찬가지로 설교자도 청중을 살리기 위해 최선에 최선을 다해야 한다. 청중을 살리는 설교는 설교자가 설교를 대하는 마음가짐이 어떠냐에 따라 결정된다.

설교자는 청중을 살리려는 마음은 넘친다. 설교를 대하는 자세는 그렇게 보여 지지 않는다. 많은 설교자가 청중을 살리려 하기보다는 주일마다 해야 하는 과제처럼 대하는 것으로 보인다. 설교로 청중을 살리려면 설교자의 마음가짐이 두 가지를 갖춰야 한다. 하나는 하나님의 마음을 지녀야 한다. 다른 하나는 청중의 심정을 깊이 이해해야 한다. 만약 하나님의 마음을 갖지 않거나 청중의 심정을 깊이 이해하지 않으면 설교로 청중을 살리지 못한다.

청중을 죽이려고 설교하는 설교자가 있겠는가? 없다. 만약 설교로 청중의 영혼이 기쁨과 감사를 넘치게 못한다면 청중의 영혼 사랑과 소중함을 다시 숙고해야 한다. 설교자의 마음가짐이 청중을 살리기에 그렇다.

살리는 설교의 시작은 시대에 맞는 문해력이다

"문해력이 목회력(力)이다"라고 김도인 외 6인이 쓴 《목회트렌드

2025》에서 말한다. 문해력이 부족하면 목회가 되지 않는다는 것이 이 책은 강조한다. 특히 글을 써서 말로 전하는 설교자는 문해력이 청중의 수준에 머물면 안 된다. 청중보다 훨씬 높아야 한다.

문해력에 대한 정의가 직종마다 다를 것이다. 노인들에게는 글자 읽기 일 수 있다. 학생에게는 인문 고전 읽기일 수 있다. 설교자는 설교자다운 문해력이어야 한다.

설교자의 문해력은 두 가지다. 최소한의 문해력과 최대한의 문해력이다. 먼저 최소한의 문해력이란 자기의 글로 설교문을 써서 설교하는 것이다. 만약 자기 글이 아닌 짜깁기한 글로 설교를 한다면 문해력이 부족하다는 증거다.

최대한의 문해력이다. 설교자가 주제가 있는 책을 쓸 수 있어야 한다. 설교자는 글을 다루는 사람이다. 글을 다루는 사람인 설교 작가가 설교집만으로 자신이 누구인가를 규정하면 안 된다. 주제가 있는 책을 쓰는 것으로 설교자임을 규정해야 한다.

교회 리더인 설교자는 몸으로 목회하지 말고 머리로 목회해야 한다. 세상의 리더는 몸으로 일하지 않고 머리로 일한다. 설교자도 머리로 사역해야 한다.

하나님은 말씀으로 세상을 창조하셨다. 즉 머리로 일하셨다. 말씀을 전하는 설교자도 머리로 사역해야 한다. 머리로 사역하려면 세상 어떤 리더보다 탁월한 문해력을 갖춰야 한다.

설교자는 사역을 잘 해야 한다. 설교 사역은 글로 한다. 설교자는 몸으로 하는 사역보다 머리로 하는 글쓰기가 더 중요하다. 설교자가 머리로 사역해야 하는 이유가 있다. 몸은 멀리 가지 못하지만, 글은 멀리 가기 때문이다. 세계화 시대, 정보화 시대에 설교자는 머리 사역의 집합체인 설교 글은 물론, 주제 있는 책을 쓰는 문해력을 갖춰야 한다. 인공지능 시대에 설교자는 글쓰기, 주제 있는 책 쓰기가 기본 중에 기본이다.

조금 심심해지면 설교자의 표절 문제가 여기저기서 터진다. 그 원인의 근간에는 걸맞은 문해력이 없기 때문이다. 설교자가 문해력 부족으로 스스럼없이 표절을 한다. 표절하는 설교자를 자세히 들여다보면 공부도 할 만큼 했다. 교회 규모도 꽤 크다. 다른 것은 다 갖추었는지 몰라도 문해력을 갖추지 못했다. 문해력이 부족하니 표절하지 않고 설교가 불가능하다.

인공지능시대에 설교자 중 챗GPT를 의존하지 않고는 설교하지 못하기도 한다. 문해력이 부족하면 챗GPT를 의존한다.

인공지능은 인간을 노예로 만들려고 만들어진 것이 아니다. 인간이 좀 더 효율적으로 일하기 위해 만들었다. 이런 취지가 설교자와 만나면 챗GPT의 하수인으로 전락하는 안타까움이 크다.

많은 설교자가 교회 성장을 추구한다. 설교자가 먼저 성장시킬 것은 설교자만의 문해력이다. 설교자는 챗GPT 활용법보다는 글쓰기, 책쓰기를 할 수 있는 문해력을 성장시켜야 한다.

설교자는 챗GPT를 사용하려는 유혹이 올 때마다 문화물리학자이자 KAIST 문화기술대학원 박주용 교수의 말을 되새겨야 한다. 그는 《미래는 생성되지 않는다》에서 챗GPT를 이렇게 평가한다. "챗GPT에 대한 평가는 성능이 좋아질수록 오히려 '철학을 논할 수 있는 대화 상대'에서 '문서 작성 도우미'로 달라진 것이다."라고 한다.

설교자는 설교로 청중을 살리기 위해 설교해야 한다. 내 글로 설교를 하지 않는 것은 청중을 살리기 전에 설교자의 영혼이 이미 죽은 상태와 다름없다. 챗GPT를 활용하는 것은 이미 청중을 죽이겠다는 생각을 한 것이다. 마지막에는 설교자의 영혼도 죽인다.

설교자 영혼이 죽으면 청중을 살릴 수 없다. 설교자는 하나님의 말씀으로 영혼이 살아야 한다. 글을 씀으로 설교자로서 살아 있어야 한다.

이 책의 구성은 아래와 같다

〈아트설교연구원 설교시리즈 2〉는 '살리는 설교'이다. 청중을 살리려면 어떻게 해야 하는가를 제시한다. 설교자는 설교를 듣는 귀한 영혼을 살려낼 책임이 있다.

설교자는 매주 적어도 한 번, 많으면 10번 하는 설교로 청중의 영혼을 살려야 한다. 세상에서 영적인 전쟁을 치르다가 설교를 듣고 하나님의 영으로 충만하게 살고 싶은 청중을 말씀으로 살려내야 한다.

살리는 설교란 청중을 설교로부터 살리는 것을 뜻한다. 살리려면 김난도 교수가 《트렌드코리아 2025》에서 한 말처럼 "눈에 보이지 않는 변화를 만들어내야" 한다.

눈에 보이지 않는 청중의 변화를 만드는 설교를 위해 이 책은 6개 챕터를 만들어 글을 썼다.

첫째, '죽이는 설교'이다. 둘째, '살리는 설교'이다. 셋째, '설교자의 삶이 살아야 설교가 산다'이다. 넷째, '묵상이 살아야 설교가 산다'이다. 다섯째, '챗GPT가 아니라 독서와 글쓰기가 설교를 살린다'이다. 여섯째, '시간을 살려내야 설교가 산다'이다.

청중을 살리려면 설교자가 살릴 수 있는 사람이어야 한다.

살리는 설교

김도인 목사

〈아트설교연구원〉 대표이자 출판사 〈글과길〉 대표이다.
저서로는 《설교는 글쓰기다3》, 《목회트렌드 2025》 등이 있다.

목차

Chapter 3 | 설교자의 삶이 살아야 설교가 산다

살리는 설교

Chapter 4 | 묵상이 살아야 설교가 산다

살리는 설교

Chapter 5 | 챗GPT가 아니라 독서와 글쓰기가 설교를 살린다

Chapter 6 | 시간을 살려내야 설교가 산다

Chapter 1

죽이는 설교!

살리는 설교

1

준비되지 않은 설교가 설교를 죽인다

“하루를 연습하지 않으면 내가 알고, 이틀을 연습하지 않으면 선생님이 알고, 사흘을 연습하지 않으면 청중이 안다.”라는 말이 있다. 음악하는 사람들에게 경구와도 같은 말이다. 추사 김정희 선생이 친구 권돈인에게 보낸 편지가 있다. “나는 70평생에 벼루 열 개를 밑창 냈고 붓 일천 자루를 몽당붓으로 만들었다.” 추사는 글씨를 잘 쓰기 위해 봄부터 소쩍새가 그렇게 울었던 것처럼 노력했다고 한다. 하물며 영적인 일을 하는 목회자는 어떠해야 하겠는가? 준비된 설교자는 살리는 설교를 한다. 준비하는 설교자는 준비된 설교를 한다. 그러나 준비되지 않은 설교자는 죽이는 설교를 할 수 밖에 없다. 죽이는 설교를 하는 방법을 소개할까한다. 이를 반대로 하면 살리는 설교가 되지 않을까?

문제는 소명이다

목회학 박사가 목회를 잘한다? 설교학 박사가 설교를 잘한다? 맞는 말이기도 하고 맞지 않는 말이기도 하다. 요즘 한국 목회자 중 외국에서 박사학위를 받고 들어온 분들이 많다. 시골 교회에서 담임 목사를 청빙 할 때 외국 박사가 여러 명이나 지원한다고 한다. 그러나 박사학위를 받은 목회자가 목회를 박사처럼 잘하는 것만은 아니다. 왜 그러할까? 문제는 소명이며 영적 훈련이다.

바울 사도도 이 문제에 걸린 것이다. 율법 학자요 조상의 전통에 열심이 특별했으나 소명을 받지 않았다. 이런 바울이 바울처럼 전격적으로 변한 것은 다메섹 도상에서 만난 주님 때문이다. 그가 핍박하던 예수가 그를 부르셨다. 그에게 소명을 주셨다. 그는 주님으로부터 직접 계시를 받았다. 그 순간 소명을 받았다.

세계적인 바이올리니스트 프리츠 클라이슬러(Fritz Kreisler)는 늘 자기가 사용하는 악기에 만족하지 못했다. 그래서 좋은 악기를 찾고 있었다. 어느 날 그가 여행하다가 아주 질이 좋은 바이올린을 발견한다. 하지만 너무 가격이 비쌌다. 다시 올 터이니 가급적 잘 보관해 달라고 부탁을 한 후 돈을 마련하여 그 악기점을 방문했다. 그러나 악기는 다른 악기 수집가에게 팔린 후였다. 그는 수소문하여 그 집을 찾아갔다. 주인에게 그 바이올린을 팔 것을 간곡히 부탁했지만 거부당했다. 크라이슬러는 포기하고 그 집을 떠나려고 현관을 나서다가 한 번만 연주할 기회를 달라고 갑자기 부탁한다. 주인의 허락으로 그는 이 악기로 한 10여 분 동안 신들린 듯 연주를 한다. 악기 주인은 연주가 끝나자 "이 바이올린의 주인이셨군요. 이 악기의 행복을 위해 주인에게 돌려 드리지요."하고 그 악기를 그에게 주었다. 악기도 주인의 손에 붙잡혀 있어야 진정한 진가를 발휘한다. 마찬가지로 사도 바울이 주인의 손에 붙잡히자 놀라운 일을 감당했던 것을 우리는 안다. 우리도 마찬가지이다. 주인의 손에 붙잡혀야 한다. 주인에 의해 부르심을 먼저 받아야 한다.

사도행전 7장을 보면, "나이 사십이 되매"라는 말이 나온다. 40이 되기까지 모세는 애굽의 무예를 닦게 되었다. 당대의 최고의 학문인 기하학과 수학도 익혔다. 그야말로 왕자 교육을 받은 것이다. 모세는 문무를 겸비한 건장한 젊은이로 성장한다. 그러므로 애굽의 40년은 "나는 특별한 사람이다(I am somebody)"라고 생각했을 것이다. 모세는 자신만이 민족을 구원할 수 있을 것이라 생각한다. 그러나 하나님께서는 아직 그를 부르시지 않았다. 문제는 바로 여기에 있다. 하나님은 부르시지도 않았는데 자신이 그렇게 생각한다. 그의 미성숙함은 그다음 행동에 잘 나온다. 그가 애굽인을 쳐 죽일 때 좌우로 살펴 사람이 없는지 확인했다는 부분이다. 모세는 좌우는 볼 줄 알았지만, 위를 바라볼 줄 몰랐다. 위에 계신 하나님을 바라볼 줄 몰랐다. 영적 안목이 없었던 것이다. 부르심이 없었던 것이다. 모세의 섣부른 행동도 소명이 문제였다.

설교자도 마찬가지다. 죽이는 설교를 하는 것의 근원적인 문제는 소명에 있다. 소명을 받지 못하고 설교하는 것은 무면허로 버스를 운전하는 운전사와 같다. 무면허 운전자가 45인승 대형버스를 운전한다면 버스 안에 타고 있는 승객들이 어떻게 되겠는가? 소명 없이 설교하는 설교자는 의사 면허 없이 수술하는 병원의 사무장과 같다. 병 고치러 온 환자를 살리지 못하고 결국 죽인다. 설교자는 설교를 듣고 살고자 한 청중을 죽인다. 설교자가 청중을 죽이는 것의 문제는 소명이다. 소명을 든든히 붙잡고 영혼을 살리는 설교자가 정말 필요하다.

소명을 확인한 다음 필요한 것은 무엇일까? 소명을 붙잡고 힘써야 할 부분은 없을까?

문제는 공부다

책맹 설교자들이 하나님의 말씀을 왜곡할 확률이 높다. 문해력이 부족하면 설교를 설교 되지 못하게 한다. 그래서 문제는 공부다. 존 맥스웰은 《리더십 불변의 법칙》에서 “성공하는 리더는 공부하는 사람이다. 그리고 그 과정은 쉼 없는 자기 훈련과 인내로 이루어진다.”라고 말한다. 성공하는 리더는 공부하는 사람이다.

자신을 알고, 타인을 알려면 공부해야 한다. 누구보다 더 노력해야 한다. 설교자로서의 첫 출발점은 학습의 고된 시간을 갖는 것이다. 특별히 설교자에게는 독서와 글쓰기가 중요하다.

하나님께서는 우리가 리더로서 성장하는 좋은 방법을 주셨다. 진리의 말씀인 성경과 좋은 인문학 책이다. Lectio Divina! 영적 독서, 거룩한 독서가 선행되어야 한다. 그분의 말씀으로 그분의 뜻을 알아야 한다. 그래야 영적인 리더가 될 수 있다. 성경을 통독하고 정독해야 한다. 말씀 묵상이 큐티 수준을 넘어서야 한다. 성경 신학의 통일성을 공부해야 한다. 성경의 다양성을 탐구해야 한다. 성경의 전문가가 되어야 한다. 또한, 인문학 서적을 읽어야 한다. 독서와 함께 글을 써야 한다. 자기 생각을 정리하는 글을 쓸 줄 알면 리더로서 준비가 된다.

《1천 권 독서법》의 저자 전안나는 아이를 학원에 맡기는 것보다 책을 사주어 책을 읽도록 교육하라고 말한다. 필요한 학원 공부도 해야 하지만 더 중요한 것은 "거인의 어깨에 올라가서 세상을 볼 수 있도록" 좋은 책을 사주어야 한다. 리더로 성장하기 원한다면 자기 훈련, 자기 공부가 너무 중요하다.

책을 읽고 글을 쓸 줄 아는 것에 머물면 세상적인 리더에 불과하다. 영적 리더는 한 걸음 더 나아가야 한다. 다름 아닌 그분의 손길이 필요하다. 성령의 임재하심이 필요하다. 영적 리더는 자기가 원한다고 되지 않는다. 성령께서 원하셔야 한다. 그리고 성령께서 훈련 시켜 주셔야 한다.

오스왈드 샌더스는《영적 지도력》에서 "자수성가한 영적 리더란 존재하지 않는다"라고 말한다. 그것은 리더의 삶에서 일하시는 성령의 역사가 필요하다고 말한다. "만군의 여호와께서 말씀하시되 이는 힘으로 되지 아니하며 능력으로 되지 아니하고 오직 나의 영으로 되느니라."(슥 4:6)

한 교회의 리더는 목사이며 교사이다. "그가 어떤 사람은 사도로, 어떤 사람은 선지자로 어떤 사람은 복음 전하는 자로, 어떤 사람은 목사와 교사로 삼으셨으니."(엡 4:11) 여기서 목사와 교사는 다른 직분이 아니다. 원문에 정관사가 앞에 붙어 있으며, 접속사로 연결된 구문이다. 그러므로 목사와 교사는 한 직분이다. 영어로 말하면, "The pastors and teachers."(NIV)이다. 목회자는 설교자이면서 동시에 교사가 되어야 한다. 설교자와 교사의 직분을 잘 감당하려면 평생 공부하는 사람이어야 한다.

이지성의 <리딩으로 리드하라>에서 보면 독서의 중요성을 이렇게 말한다. "인류 역사를 보면 항상 두 개의 계급이 존재했다. 지배하는 계급과 지배받는 계급이다. 전자는 후자에게 많은 것들을 금지했는데, 대표적인 것이 인문 고전 독서였다." 왜 그러했을까? 그만큼 독서의 파급력이 대단한 것이기 때문이었다. 이 사실을 알고 있는 국가에서는 독서를 많이 강조한다. 미국 명문 사립 중고교의 인문 고전 독서 열기는 놀라울 정도다. 청소년들에게 플라톤의 《국가》를 읽고 소화하게 한다. 도서관에서 플라톤의 《국가》를 주제로 집필된 모든 책을 찾아 읽도록 한다. 그들은 독서에 멈추지 않는다. 플라톤의 《국가》를 주제로 에세이를 쓰고 토론하게 한다. 즉, 책 읽기와 글쓰기를 통해 지성을 성숙시켜 간다.

우리 교회는 목회자들 독서 모임이 있다. 부 교역자들과 함께 같은 책을 읽고 글을 쓴다. 그리고 금요일 오전에 함께 모여 자기가 쓴 글을 발표한다. 중요한 주제를 놓고 함께 토론도 한다. 일주일에 한 권씩 책을 읽으면, 1년이면 50여 권의 책을 읽는다. 공부하는 목회자가 되어야 좋은 설교자와 교사가 되지 않겠는가? 리더가 공부하면 공부하는 교회가 된다. 리더가 공부하지 않으면 설교가 빈약해진다. 설득되지 않는다. 그러므로 죽이는 설교를 하는 것은 공부하지 않기 때문이다. 그러므로 문제는 공부이다.

문제는 시간이다

우리 사회는 피로사회이다. 한병철은 《피로사회》에서 "피로사회는 자기 착취의 사회다. 피로사회에서 현대인은 피해자인 동시에 가해자이다."라고 말한다. 현대 사회는 정신적, 영적으로 황폐하게 되어 버렸다. 그렇게 된 원인은 너무 바쁘고 시대의 변화가 너무 빠르기 때문이다.

현대 사회는 그렇다손 치더라도 목회자는 좀 달라야 하지 않을까? 설교자는 빠름보다 느림의 미학이 필요하다. 세상 방법보다 말씀 묵상이 중요하다. 먹고 놀고 마시는 것보다 영의 양식을 먹는 목양실에서 놀아야 한다. 카페에서 수다보다 주님의 샘에서 생수를 마셔야 하지 않겠는가?

문제는 시간이다. 목회자가 너무 바쁘다. 본질이 아닌 것에 바쁘다. 교회 정치에 바쁘다. 수많은 회의에 바쁘다. 죽이는 설교를 하는 것은 결국 시간의 문제 때문이다. 본질이 아닌 것에 바쁘니 설교 준비는 토요일 저녁으로 내몰리고 있는 것 같다.

탈봇 신학교(Talbot School of Theology)에서 요구하는 설교 준비 시간은 15시간이다. 15시간 안에는 본문 읽기와 질문 만들기(역사적 질문, 신학적 질문, 목회적 질문), 주해, 메인 아이디어 작성, 주해 아웃라인, 설교적 메인 아이디어, 설교 아웃라인, 그리고 설교문 작성을 포함한다. 설교자는 주일 설교를 위해 적어도 15시간을 확보해야 한다.

문제는 시간과의 싸움이다. 비본질적인 것에 시간을 빼앗기면 안 된다. 좀 덜 놀고, 좀 더 공부하자. 좀 덜 회의하고 좀 더 준비하자. 좀 덜 먹고 좀 더 생명의 말씀을 먹자! 설교자는 시간과 싸워야 한다. 시간이 문제이기 때문이다. 시간을 설교에 더 많이 투자하면 죽이는 설교하지 않는다.

더 큰 문제는 인격이다

사람마다 개인적으로 더 끌리는 리더가 있다. 어떤 사람은 자기와 성향이 다른 리더에게 끌리기도 한다. 또 다른 사람은 자기와 성향이 같은 리더에게 마음이 가기도 한다. 대체로 사람은 자기의 가치관과 성격이 비슷한 리더에게 끌리는 성향이 있다. 그래서 성품 좋은 리더냐, 능력 있는 리더냐를 결론 내리기는 쉽지 않다. 차라리 둘 다 필요한 것으로 결론 내리는 것이 좋을 것이다. 인품이 다듬어진 성품 좋은 리더가 능력을 갖추면 금상첨화다.

조지 바나는 "크리스천 리더란 사람을 이끌도록 하나님께 부름

받은 자(소명), 그리스도의 성품으로 이끄는 자(성품), 리더십을 위해 기능적으로 능력을 발휘하는 자(능력)다."라고 말한다. 여기에 답이 있다. 성품 좋은 리더냐, 능력 있는 리더냐라는 질문은 우문일 수 있다. 그리스도의 성품을 품고 리더십을 잘 발휘하는 리더를 따라야 한다. 그때 그 공동체는 행복해진다. 하나님의 마음을 담은 교회가 될 것이다. 청중이 신앙이 좋은 열매가 맺힐 것이다.

성품 좋은 리더가 좋은 조직을 만들 듯이 좋은 설교는 좋은 인품을 지닌 설교자로부터 나온다. 나쁜 설교는 나쁜 성품을 지닌 설교자로부터 나온다.

같은 설교문으로 설교해도 누구의 설교는 은혜롭지만, 누구의 설교는 허공을 치는 꽹과리 같다. 누구의 설교는 심금을 울리는 첼로의 소리 같지만, 누구의 설교는 조율 안 된 기타 소리 같다.

설교자의 인격이 문제이다. 설교자의 인격이 나쁘면 아무리 좋은 설교문이라 할지라도 청중이 귀를 닫는다. '너나 잘 하세요.'라고 속으로 말할 것이다. 죽이는 설교는 나쁜 인격에서 나온다.

설교자의 성품이 문제라면 그리스도 십자가 밑으로 가지고 나가야 한다. 나쁜 성품을 십자가에 못 박아야 한다. 십자가의 피로 씻음받아야 한다. 십자가의 사랑으로 물들어야 한다. 그때 죽이는 설교가 아니라 살리는 설교로 다시 태어나게 될 것이다. 사도 요한의 마지막 설교처럼 "형제여 서로 사랑하자"라는 울림이 있는 설교자가 되길 소망해 본다.

살 리 는 설 교

박윤성 목사

기쁨의교회 담임목사이자 총회 교회자립개발원 이사장이다.
저서로는 《요한계시록 어떻게 가르칠까》, 《포스트 코로나시대의 리더십, 정의로운 교회》 등이 있다.

2

남의 설교가
설교를 죽인다

설교표절이 설교를 죽인다

한국교회가 설교 표절의 문제로 몸살을 앓고 있다. 담임목사들이 설교표절로 인해 사임당하는 일들이 반복된다. 사탄은 언제나 그리스도인들에게 쉬운 길을 선택하라고 유혹한다. 쉬운 길은 편하고 빠른 길처럼 보이지만 사망으로 가는 지름길이다.

사탄은 이브에게 선악과를 먹으면 하나님처럼 될 수 있다고 유혹했다. 선악과의 길은 하나님을 닮아가는 좁은 길이 아니었다. 오히려 하나님처럼 되려는 넓은 길이었고 그 길을 선택한 인류의 조상은 사망의 구렁텅이로 떨어져 버렸다.

설교자의 '설교표절'이라는 선악과가 손만 뻗으면 지천에 널려 있다. 과거에도 많은 설교자들이 탁월한 목사의 설교집을 읽고 자기설교를 구성했다. 선배목사님들은 표절의 경계선을 넘나드는 이 위험한 과정에서 적어도 남의 설교집을 읽고 발췌하고 인용하는 정도의 수고는 감당했다.

지금은 과거와는 차원이 다른 설교표절의 새로운 세상이 열렸다. 챗GPT가 출현했다. 1-2분 안에 정교한 프롬프트만 작성하면 상위 10%에 들어갈 만한 탁월한 설교 전문이 눈앞에 펼쳐진다. 인공지능이 설교자를 대신하여 본문에 대한 정확한 석의와 분석을 거쳐 탁월해 보이는(?) 설교문을 작성해준다. 챗GPT가 써준 설교문은 설교 표절에 걸릴 염려도 없다.

필자가 쓴 설교 전문을 챗GPT 검색창에 올리고, 설교분석을 부탁한다. 모든 설교학적 논의를 적용하여 이 설교문의 강점과 약점을 종합적으로 평가해달라고 요구한다. 깜짝 놀라지 않을 수 없다. 설교학 교수가 써준 설교비평보다 훨씬 더 예리하게 설교문의 강점과 단점을 분석해준다.

대략적으로 챗GPT가 제시한 단점은 이랬다. "적용의 구체성이 부족하다. 간혹 긴 문장이 있어서 회중의 집중력이 흩어질 수 있다.

설교본문 해석과 분석은 논리적으로 탁월하다. 하지만 현대인들의 생활에 구체적으로 적용할 수 있는 실질적인 예화나 사례를 포함하면 더욱 완성된 설교문이 될 것이다" 등등. 챗GPT는 이외에도 작고 세밀한 부분까지도 칭찬과 질책을 1분 안에 쏟아낸다. 설교자로서 동의하고 공감할 수밖에 없는 예리한 지적에 놀랐다.

앞으로 챗GPT를 설교 작성의 도구로 활용하는 것은 거스를 수 없는 대세가 될 것이다. 다만 선용할 것인가 악용할 것인가? 지배할 것인가 지배당할 것인가의 싸움이 우리를 기다리고 있다.

챗GPT도 하나님의 일반계시가 가져온 은총이다. 악마화하거나 터부시할 수 없다. 다만 어떻게 바르게 활용할 것인가를 고민해야 한다. 그것은 그리스도인의 모든 영적전쟁에서 적용되는 선용과 남용의 한계선을 지켜내는 싸움이다. 설교자가 챗GPT를 남용하면 '표절'이라는 불구덩이로 스스로 몸을 던지는 꼴이 될 것이다.

죽이는 설교에서 살리는 설교로

표절은 설교자로서 나를 죽이고 성도와 교회를 죽이는 지름길이다. 살리는 설교란 내 안에서 생명으로 잉태된 설교다. 말씀은 씨앗의 형태로 주어진다. 성경본문은 설교자라는 농부의 손에 들려진 씨앗과 같다. 씨앗의 생명력은 껍질 안에 숨어있다. 씨앗이 땅 속에 들어가 열과 압력을 통과하면서 껍질이 깨지고 생명이 발현된다. 성경 본문이라는 씨앗에 숨어있는 하나님의 진리가 내 안에서 생명으로 잉태되는 과정이 묵상이다. 그래서 설교준비 과정은 묵상이라는 좁은 길을 걷는 인내와 투쟁의 과정이다.

제프리 D아더스는 "설교자로서 자신이 먼저 말씀의 샘을 마셔야 한다"고 말한다. 다른 사람에게 설교하기 전에 자신에게 먼저 설교하라는 뜻이다. 자신에게 설교한다는 것은 그 본문이 나의 인격을 통과하는 과정이 필요하다는 의미다.

필립 브룩스는 설교를 "인격을 통과한 진리"라고 정의한다. 진리가 인격을 통과한다는 말은 무슨 뜻인가? 성경본문이 나의 인격 안에서 벌어지는 지적 투쟁과 묵상의 씨름 안에서 성경본문을 감싸고 있는 문자와 개념이라는 껍질이 깨어지는 과정을 의미한다. 문자적 개념이 깨어질 때 비로소 영혼과 교회를 살리는 하나님의 음성이 들려온다.

무엇보다 설교의 힘은 신뢰성에서 나온다. 혼과 영과 관절과 골수를 찔러 쪼개며 인간 존재의 깊은 곳으로 침투해 들어가는 말씀의 날카로움은 인격적 신뢰성에서 비롯된다. 아리스토텔레스는 그의 수사학에서 연설의 3가지 요소를 소개한다. 아리스토텔레스는 에토스(신뢰), 파토스(감성), 로고스(논리) 중에서 에토스가 연설의 성패를 결정하는 가장 중요한 요소라고 말했다. 설교자의 성품과 신뢰성이 설교의 가장 설득력 있는 도구다. 탁월한 설교문을 확보하는 것보다 중요한 것이 신뢰할 수 있는 설교자의 성품을 확보하는 일이다. 표절은 설교자의 신뢰성을 깨뜨려서 어느 것 하나 벨 수 없는 녹슨 설교로 추락시킨다.

지혁철은 《설교자는 누구인가》에서 'be yourself'가 되라고 말한다. 저자는 미국에서 가장 영향력 있는 3명의 설교자를 소개한다. '존맥아더, 스프로울, 존 파이퍼'이다. 이들이 탁월한 설교자가 될 수 있었던 것은 '자기 목소리'라는 공통점에 있다고 말한다. 존 맥아더는 명료함이라는 목소리를, R.C 스프로울은 단순함이라는 목소리를, 존파이퍼는 열정이라는 목소리를 가졌다.

표절은 자기 목소리를 잃어버리게 한다. 설교에서 자기 목소리가 사라지면 설교의 힘이 사라진다. 설교자의 자기 목소리는 성경 본문이 나의 인격을 통과하는 과정에서 형성된다. 인격을 통과하는 그 생각을 자기언어와 자기 글쓰기로 풀어내는 과정에서 자기 목소리는 강화된다. 자기설교를 할 때 진짜 자기만의 목소리가 나온다.

설교자는 성경의 깊은 묵상을 통해 자기 목소리를 찾아가는 것이 중요하다. 정용섭은 설교자가 청중과의 소통에 장애를 일으키는 근본적인 이유는 성서의 계시 사건 안으로 들어가지 못하기 때문이라고 지적한다. 설교자가 집중해야 할 일차적 소통은 설교자와 청중 사이의 소통이 아니라 설교자와 성경 텍스트 사이의 소통이다.

진리의 소통은 커뮤니케이션의 기술로 이루어지는 것이 아니라 묵상을 통해 성서의 세계가 열리는 경험을 통해 주어진다. 정용섭 목사의 말을 들어보자. "소통을 제고하려고 커뮤니케이션 이론이나 연설법, 수사학, 또는 대형 프로젝트를 비롯한 각종 시청각 교재를 이용하는 것은 설교 행위에서 부수적인 기능에 불과하다." 결국 살리는 설교는 자기묵상, 자기생각, 자기언어, 자기글쓰기에서 비롯된다.

죽이는 설교를 극복하기 : 글쓰기 역량강화

자기 설교를 하려면 문해력과 글쓰기 실력이 절대적이다. 자기 언어로 자기의 방식으로 하나님의 말씀을 풀어내야 한다. 남의 것을 흉내 내지 말아야 한다. 흉내를 내거나 표절하는 쉬운 길을 선택하는 순간 맛을 잃은 소금처럼 별 볼일 없는 설교자가 된다. 성경의 깊은 묵상을 통해 성경이 설교자의 전 인격을 통과하여 나올 때 비로소 천둥과 같은 하나님의 음성으로 들려진다. 필립 브룩스는 말한다. "모든 설교자는 자기 방식대로 자기의 천성에 따라 진리를 반포해야 한다는 점을 더 확실하게 해줍니다. 깊은 독창성은 고상합니다." 그렇다. 설교자여 하나님께서 주신 당신 자신이 되어야 한다. 당신 자신으로 설교해야 한다. 당신 자신으로 설교하려면 말씀의 묵상을 통해 그분의 손에 빚어지는 시간이 필요하다. 묵상은 설교자로서 자신을 빚어가는 시간이다.

필자는 주일저녁에 다음 주일에 전할 설교본문 전체를 암송한다. 월요일부터 새벽기도시간마다 암송한 성경본문과 씨름한다. 말씀과 씨름하는 과정에서 질문이 생긴다. 본문을 가지고 하나님께 질문한다. 본문의 행간에 계시의 빛이 임하면서 숨은 의미들이 명료한 모습을 드러낸다. 묵상이 깊어지면 어느 순간에 하나님께서 나에게 질문하신다. 하나님의 질문이 내 인격을 통과하면서 날카로운 칼처럼 예리해진다. 예리해진 칼을 들고 강단에 서면 확신과 신념이라는 자기만의 목소리가 흘러나온다. 나를 바라보는 회중들의 시선이 다르다는 것을 감지한다.

권오국 목사

이리신광교회 담임목사이다.
《행복, 다시 정의하다》, 《목회트렌드 2025》 등이 있다.

3

묵상없는 설교가 설교를 죽인다

묵상이 '살림'이다

무엇이 하나님의 말씀인가?

예수 그리스도가 하나님의 말씀이다. 예수 그리스도를 예언하고 증거하는 성경이 하나님의 말씀이다. 강단에서 예수 그리스도를 믿는 믿음과 성경에 기초하여 행하는 설교가 하나님의 말씀이다. 이 세 가지 형태의 말씀의 공통점은 '살림'이다. 살림은 '영의 역사'이다. 육의 역사는 죽임이다. 왜냐? 살리는 것은 영이고 육은 무익하

기 때문이다. 주님이 우리에게 이른 말씀은 본질상 영이며 생명이기 때문이다.(요 6:33)

살리는 설교가 되기 위해서는 설교를 영적으로 준비해야 한다. 그러면 생명의 역사가 일어난다. 육적으로 준비하면 죽이는 설교가 되고 만다.

영적으로 준비한다는 것은 어떤 것인가?

하나님을 묵상하며 준비한다는 뜻이다. 설교는 본질상 하나님의 말씀을 선포하는 것이기 때문에 성경본문을 하나님의 관점에서 깊이 묵상하면서 준비해야 한다.

묵상과 설교는 하나이다.

설교자가 묵상을 성실히 해야 성경적 설교, 영적인 설교, 살리는 설교를 잘할 수 있다. 묵상은 말씀 앞에 머무는 것이다. 설교자가 말씀 앞에 머물지 아니하면 자기 생각 앞에 머물게 된다.

묵상을 하면 사람이 변화된다.

설교자가 묵상하면 복있는 사람이 된다. 묵상을 통해 만든 설교는 변화시킨다. 만약에 청중에게 변화가 일어나지 않는다면 묵상에 문제가 있는 것이다. 아니면 묵상없는 설교를 했기 때문이다.

어떻게 하면 묵상을 잘할 수 있을까?

먼저 설교자가 하나님의 사람이 되어야 한다. 묵상은 하나님의 사람만이 할 수 있기 때문이다. 묵상은 명상이 아니다. 생각도 아니다. 명상이나 생각은 아무나 할 수 있지만 묵상은 오직 하나님의 사람만이 할 수 있기 때문이다. 그러므로 먼저 다윗처럼 하나님을 사랑하고 사모하는 마음을 가져야 한다. 아브라함처럼 하나님을 신뢰하는 마음을 가져야 한다. 모세처럼 선지자들처럼 하나님에게 전적으로 순종하는 마음을 가져야 한다. 그럴 때 묵상이 제대로 이루어지기 시작한다. 묵상의 초점은 묵상하는 시간이나 자신이 아니다. 하나님이다. 말씀 속에 감추어진 하나님이다.

묵상을 잘하기 위해서는 도구가 필요하다

가장 중요한 도구는 손이다. 말씀을 손으로 써야 한다. 손으로 쓸 때 머리가 분명히 이해하기 때문이다. 사람은 자기 손으로 쓴 것에 대해서는 책임지려 하기 때문이다.

말씀을 쓸 때 쓰는 내용을 사람, 사건, 단어, 이렇게 세 개의 카테고리로 구분하면 좋다. 묵상에서 효과를 보려면 일단 써야 한다.

둘째는 질문하는 것이다. 질문하는 만큼 알게 된다. 질문하지 않으면 새로운 것을 알지 못한다. 질문은 두레박이다. 우물가에서 생수를 퍼 올리기 위해서는 두레박이 필수품이다. 말씀 속에서 담겨있는 깊은 모략을 길어 올리기 위해서는 질문이라는 두레박이 필요하다.

어떤 질문을 하느냐? 어떻게 질문하느냐에 따라서 응답이 달라진다. 구체적으로 질문하면 구체적인 응답을 얻는다. 추상적인 질문을 하면 추상적인 응답을 얻는다. 낯설게 질문을 하면 신선한 응답을 얻는다. 본문의 내용을 개념화해서 질문하면 신학적 응답을 얻는다. 창조적 질문을 하면 창조적 응답을 얻는다.

셋째는 산책하는 것이다. 생명은 피에 있다. 산책해야 피가 돈다. 따뜻한 피가 돌아야 생명이 돈다. 생명이 돌 때 말씀 속에 흐르는 생기를 느낄 수 있다. 마음을 느낄 수 있다. 말씀 속에 나타난 인물의 마음을 잘 읽어야 공감이 이루어진다. 공감이 이루어지면 청중은 설교를 자기의 이야기로 받아들인다.

넷째는 그때와 지금을 연결해야 한다. 설교자의 묵상은 설교로 이어지게 된다. 단순히 묵상으로 그치지 않는다. 삶에서 중요한 것은 현재이다. 설교에서 중요한 사람은 청중이다. 그때 그 말씀을 지금 이 사람들에게 잘 소통되는 언어로 준비해야 한다.

말씀을 손으로 적어 질문하며 기도하며 산책하며 묵상하다 보면 하나님의 마음이 느껴지고 하나님의 음성이 들려온다. 하나님은 동산으로 거니시며 대화하는 것을 즐기는 분이시기 때문이다.(창 3:8) 이렇게 묵상이 잘 이루어지면, 설교준비가 한층 행복해진다.

묵상없이 설교하는 설교자는 살인자가 된다

설교를 위해서는 묵상이 필수이다. 이것을 인식했다면, 묵상을 위한 시간을 확보해야 한다. 설교자가 너무 분주해서는 안 된다. 묵상을 제대로 할 시간을 가지지 못하게 하는 요인들을 과감히 줄이거나 차단해 나가야 한다. 묵상을 위한 시간 확보를 위하여 주위 사람들의 협조를 구하거나 설득을 해나가야 한다.

묵상 없는 설교는 죽이는 설교가 되고 만다. 묵상이 없으면 표절하는 설교, 편집하는 설교, 준비 없는 설교가 되고 만다. 육적인 설교, 죽이는 설교가 될 수밖에 없다. 살리는 설교는 영적인 설교이다. 육적인 설교는 무익하다. 주님이 우리에게 주신 말씀은 영이며 생명이기 때문이다.

영적인 설교, 살리는 설교의 클라이막스는 하나님의 관점으로 설교하게 되는 것이다. 설교를 누구의 관점으로 하고 있는가? 아마 당신의 관점으로 하고 있지 않을까 생각한다. 많은 설교자들이 자기가 하고 싶은 말을 하기 때문이다.

하지만 묵상을 제대로 하면 말씀 속에서 하나님의 마음이 느껴진다. 하나님의 아픔, 하나님의 통곡, 하나님의 눈물, 하나님의 기쁨, 하나님의 비전, 하나님의 배려와 사랑이 느껴진다. 하나님의 마음으로 충만해진다. 하나님의 관점이 내 관점이 된다. 이렇게 하나님의 마음으로 하나님의 관점으로 다시 말씀을 읽으면 한 단어 한 단어에 생기가 충만해진다. 무의미한 말이 하나도 없다. 영과 생명이 가득한 말씀으로 느껴진다.

설교자가 이것을 먼저 체험하고 청중들과 잘 소통하고자 하는 마음으로 설교를 하면 '살림의 역사'가 일어난다. 그러나 묵상없는 설교는 '죽임의 역사'가 일어난다. 묵상없이 설교하는 설교자는 살영자가 되는 것이다. 살(殺) 영(靈) 자(者), 영을 죽이는 자.

남정우 목사

대구 하늘담은교회 담임목사이다.
저서로는 《이야기로 푼 선교학》, 《동방정교회 이야기》 등이 있다.

4

기도 없는 설교가 설교를 죽인다

설교를 위한 기도를 하는가?

설교자는 누구나 기도한다. 기도하지 않는 설교자를 만나기 힘들다. 설교를 위한 기도를 하는 설교자는 많은가? 그렇지 않다는 생각이 든다.

설교의 중요성에 대한 인식에 따라 설교를 위한 기도 유무가 결정된다. 필자는 서점에서 독서를 시작했다. 서점에서 공부할 때 두 가지를 했다. 먼저 성경을 읽는다. 다음으로 기도를 한다. 성경을 읽고 읽은 성경을 붙들고 기도한 다음 독서를 시작한다.

기도한 것은 목사라는 정체성 때문이기도 하지만 독서의 가치가 컸기에 기도하기를 쉬지 않았다. 설교자가 설교의 가치를 어떻게 두느냐에 따라 기도의 유무가 결정된다. 설교자는 설교를 위해서 기도해야 한다. 설교를 위한 기도 시간을 따로 확보해야 한다. 설교를 위한 기도가 없으면 청중을 영적으로 죽인다.

존 스토트는《기독교의 기본진리》에서 아무리 바쁜 일정이라도 시간을 쪼개서 기도하라고 한다. "아무리 바쁜 일정이라도 시간을 쪼개서 기도와 성경 읽기에 드려야 하며, 또 일요일은 예배와 안식을 위해 제정된 주님의 날(주일)로 떼어 두어야 하고, 교회와 지역사회를 위한 봉사에 시간을 드려야 한다. 이런 모든 것은 우리가 죄와 자기를 버리고 그리스도를 따르려 할 때 있어야 할 일이다."

설교자도 마찬가지다. 설교자가 기도할 것이 많아도 설교를 위한 기도시간을 쪼개야 한다. 설교자는 반드시 설교를 위한 기도를 해야한다. 중국 내지 선교 창시자인 제임스 허드슨 테일러(James Hudson Taylo)가 기도를 이렇게 말한다. "기도는 하나님의 심정에 이르게 하는 것이다." 설교자는 설교를 자신의 심정을 통하기 위함이 아니라 하나님의 심정으로 청중에게 전하기 위해 해야 한다.

설교자는 하나님의 심정으로 기도해야 한다. 그렇지 않으면 청중의 머리만 키운다. 설교의 목표는 청중을 하나님의 사람으로 만드는 것이다. 하나님 나라의 세계관으로 살도록 이끌어야 한다. 청중의 마음이 하나님의 심정을 갖도록 해야 한다.

설교자는 설교하기 전 설교를 위한 기도를 해야 한다. 설교자는 설교 준비를 마친 다음에 기도해야 한다. 설교자는 설교를 마친 다음 기도해야 한다. 설교를 위해 기도하는 것은 설교는 기도한 만큼 역사가 일어나고 기도와 함께 가야 하는 것이 원칙이기 때문이다.

설교자가 가장 많이 해야 할 기도는 간청기도나 중보기도가 아니다. 설교자의 첫 번째 사역이자 소명인 설교를 위한 기도다. 설교자는 설교할 말씀을 붙들고 기도해야 한다. 설교할 제목을 붙들고 기도해야 한다. 설교를 들을 청중을 위해 기도해야 한다. 설교를 통해 변화될 설교자와 청중을 위해 기도해야 한다.

형식적인 기도가 청중을 죽인다

당신이 설교자라면 두 가지 중 어떤 것을 선택하겠는가?

첫째, 기도가 부족하지만, 내용이 풍성한 설교다. 둘째, 내용은 빈약해도 기도가 풍성한 설교다.

위의 질문에 답하려면 하나 더 고민해야 한다. 설교는 설교자의 일인가? 하나님의 일인가? 설교는 하나님의 일이다. 하나님의 일이므로 내용의 풍성함보다는 기도의 강력함이 더 중요하다.

설교자는 하나님의 사람이다. 청중도 하나님의 사람이다. 하나님의 사람인 설교자와 청중이 만나는 시간이 설교 시간이다. 하나님, 설교자, 청중이 만나게 하려면 기도는 필수다. 만약 기도하지 않고 설교하면 설교에 하나님의 역사가 일어나지 않는다. 청중의 영혼이 죽는 끔찍한 결과와 맞닥뜨릴 뿐이다.

설교자가 설교를 소중히 여기면 기도한다. 기도하되 마음을 담아서 기도한다. 설교를 위한 기도는 기노 형식으로 도배되면 안 된다. 기도의 질로 도배돼야 한다.

설교자가 기도할 때 형식적인 기도가 있는가? 마음이 담긴 기도만 있어야 한다. 형식적인 기도란 마음이 담기지 않은 기도다. 기도에 마음이 담기지 않는 것은 청중을 향한 사랑이 부족하다는 증거다.

영국의 작가인 사무엘 코울리지는 〈옛 선원의 노래〉라는 시에서 "사랑을 잘하는 사람이 기도도 잘 한다"고 노래한다. 청중을 사랑하는 사람이 마음이 담긴 기도도 한다는 뜻이다. 설교자가 청중을 사랑하지 않으면 형식적인 기도를 한다. 설교자의 형식적인 기도는 설교를 듣는 청중을 죽일 수 있다.

성균관대학교 초빙교수인 김미라는 《조선의 밥상머리 교육》에서 이렇게 말한다. "먼저 사람 공부하고 나서 글공부를 하라." 이 말을 목회와 연관 지어 이렇게 바꿀 수 있다. "먼저 청중의 영혼을 살리고 나서 목회를 하라." 설교자는 설교로 청중을 하나님이 기뻐하시는 그리스도인으로 만들어야 한다. 그러려면 형식적인 기도가 아닌 청중을 살리겠다는 마음이 담긴 기도해야 한다.

설교자가 청중을 죽이는 설교를 하는 것은 어렵지 않다. 과제로 하는 설교, 마음 없는 기도가 청중을 죽인다. 청중을 살리는 설교는 어렵다. 진액을 짜는 심정으로 기도할 때 가능해진다.

설교를 준비함과 동시에 기도해야 한다

'청중을 죽이는 설교'라는 말만 들어도 무섭다. 설교자에게 설교로 청중을 죽일 수 있다는 말처럼 무서운 말은 없다. 청중을 죽이지 않고 살리려면 설교 준비를 시작함과 동시에 기도도 시작되어야 한다.

설교 준비를 언제 하는가? 많은 설교자가 월요일부터 시작하는 것 같다. 필자는 회원들에게 주일 오후부터 시작하라고 말한다. 주일 오후에 본문 묵상을 마치라고 권한다. 주일은 피곤한 날이다. 동시에 가장 은혜가 풍성한 날이므로 주일 오후를 다음에 할 설교 묵상의 시간으로 붙들어야 한다.

설교를 위한 묵상은 은혜가 풍성할 때 해야 한다. 설교를 위한 묵상과 함께 시작할 것이 기도이다. 즉 설교자는 예배를 마친 주일 오후나 저녁에 두 가지를 해야 한다. 하나는 기도이고 다른 하나는 설교할 본문 말씀 묵상이다. 설교자에게 주일날은 다가오는 주일 설교의 첫날이지 않던가?

설교자는 주일 예배를 마친 뒤 기도해야 한다. 그 기도는 세 가지다.

첫째, 성도들이 들려진 말씀대로 살 수 있도록 기도한다.

둘째, 다가오는 주일 날 설교할 본문과 설교를 위해 기도한다.

셋째, 일주일 내내 삶이 허비되는 시간이 아니라 설교 준비를 충실히 할 수 있는 시간이 되기를 기도한다.

위의 세 가지를 위해 기도하지 않으면 청중의 영혼을 죽일 수 있다.

청중을 죽이지 않는 기도란

설교자는 청중을 살리는 설교를 해야 한다. 청중을 죽이는 설교를 하지 않아야 한다. 청중을 죽이지 않는 설교는 기도로 무장된 설교자가 한 설교다.

설교자는 품격이 있어야 한다. 그 품격은 기도로부터 출발한다. 변호사이자 미국 전 대통령의 영부인인 미셸 오바마(Michelle Obama)가 이런 말을 한다. "그들은 저급하게 가도 우리는 품위 있게 가자." 설교자의 삶은 품위가 있어야 한다. 그 품위는 기도로부터 나온다. 품위 있는 기도를 하면 청중을 죽이지 않고 살린다.

예수님의 기도는 늘 품위로 넘쳤다. 누가복음 23장 34절에서 이렇게 기도한다. “이에 예수께서 이르시되 아버지 저들을 사하여 주옵소서 자기들이 하는 것을 알지 못함이니이다.” 자신을 죽이는 무리들에게 품위 있게 다가간다. 자기들이 하는 것을 알지 못한다고 무한대로 용서한다.

설교자는 설교자의 모범이신 예수님처럼 품격이 높아야 한다. 기도의 품격이 높아야 한다. 설교의 품격이 높아야 한다.

김도인 목사

〈아트설교연구원〉 대표이자 출판사 〈글과길〉 대표이다.
저서로는 《설교는 글쓰기다3》, 《목회트렌드 2025》 등이 있다.

5

시간 투자가 부족한 설교가 청중을 죽인다

설교는 시간 싸움이다

설교로 청중을 죽이는가 살리는 가는 한 편의 설교 준비에 몇 시간 투입하는가에 비례한다. 설교의 중요성을 강조하는 설교자나 신학교는 주일 설교에 20시간 전후 투자하라고 한다. 옥한흠 목사는 30시간 투자한 것으로 유명하다.

설교자를 가르치면서 깨달은 것은 설교는 시간 투입량이 결정적인 역할을 한다는 것이다. 설교는 시간 싸움이라고 해도 과언이 아니다. 설교자가 설교 준비에 많은 시간을 투자하는 것은 청중을 살리기 위해서다. 만약 설교에 많은 시간을 투자하지 않으면 청중을 죽인다는 말이 된다.

옥한흠 목사는 목회에서 설교가 차지하는 비중이 80퍼센트라고 말한다. 최근에 만난 한 설교자는 목회에서 설교가 차지하는 비중이 90%라고 말한다. 설교가 목회에서 차지하는 비중이 90%이므로 설교 준비에 많은 시간을 투자한다.

최근에 한 설교자는 교회 목양실에서 오후 9시까지 설교 준비한다고 말한다. 그렇게 한 설교로 여러 권의 설교집을 출간했다. 설교가 목회에서 차지하는 비중이 80%가 넘(는)다고 생각하면 설교에 많은 시간을 투자한다.

설교는 시간 싸움이다. 옥한흠 목사는 설교를 시간 싸움으로 정의하니 설교에 불가능해 보이는 30시간을 투자한다. 그는 설교에 많은 시간을 투자했기에 설교로 청중을 살렸다. 설교에 20시간 전부 투자하는 것은 자기와의 싸움에서 자신을 이겼다는 것이다.

필자는 〈아트설교연구원〉 회원들에게 설교 한 편에 20시간 이상 투자하라고 말한다. 독서를 일주일에 4권 이상 하라고 권한다. 매일 글쓰기를 하라고 말한다. 16년 동안 설교자들을 가르친 경험으로, 청중을 살리는 설교를 하는 설교자는 시간 투자가 많다. 반대로 청중을 죽이는 설교자는 시간 투자가 적다. 설교는 말 잘하기 싸움이 아니라 시간 싸움이다. 청중을 죽이지 않으려면 설교 준비에 시간을 투자해야 한다.

설교가 시간 싸움이므로 설교자는 시간 관리 전문가여야 한다. 낭비되는 시간, 몸을 편하게 하는 시간, 육적 욕망을 추구하는 시간을 줄여야 한다. 신경을 써서 헛된 시간을 줄여야 한다. 유튜브 보는 시간을 적절하게 조절해야 한다. 설교자는 자본인 시간을 내 것으로 만들기 위해 치열하게 살아야 한다.

설교자는 인생 관리, 한 달 관리, 한 주 관리, 하루 관리를 똑똑하게 해야 한다. 유일하게 공평한 자본인 시간을 제대로 관리할 줄 알아야 한다. 어떤 설교자는 시간 관리를 철저하게 한다. 매일 30분 단위로 관리한다. 30분 단위로 시간 관리를 하니 설교에 많은 시간을 쏟아부을 수 있다고 고백한다.

청중을 살리는 설교자가 되려면 절실함으로 시간을 관리해야 한다. 할 수만 있다면 10분 단위로 관리하길 권한다. 작은 시간인 1초도 허투루 보내지 않도록 해야 한다. 시간 관리에 실패하면 죽이는 설교를 할 수밖에 없다.

설교자가 설교에 많은 시간을 투자하는 이유가 있다. 청중이 예배드리는 시간이 아깝지 않게 하기 위해서다. 많은 청중이 예배 시간을 아까워한다. 설교가 기대에 미치지 못하면 예배드리는 시간을 낭비했다고 생각한다. 바보처럼 잘못된 곳에 시간 투자했다고 생각한다. 다시는 예배를 드리지 않겠다는 결단까지 한다.

절대적 시간 투입이 설교의 질을 결정하는가?

사람과 동물과의 차이가 있다. 인간의 뇌는 자란다. 뇌백질이 1ml 자라는데 3,000년이 걸린다. 이 중 뇌회백질은 뇌세포를, 뇌백질은 신경섬유를 구성한다. 인류의 뇌는 시간이 흐르고 변이를 거치며 점점 자라난다. 부피만 커졌을 뿐 아니라 구조도 더욱 복잡해지고 천억 개에 달하는 세포가 서로 연결된다. 뇌가 자란 뒤 인간의 뇌 속에 '나'라는 개념이 탄생했다.

시간이 흘러 뇌가 자란다. 마찬가지로 설교에 시간을 투입한 시간만큼 설교 질이 좋아진다. 왜 시간 투입의 여부에 설교의 질이 결정되는가? 시간이 청중을 살리고 죽이는 힘이 있기 때문이다. 시간 사용하는 태도가 어떠냐에 따라 설교의 질이 결정된다. 설교자는 설교에 시간을 쏟아 붓지 않으면 다른 데 시간을 허비할 뿐이다.

영화 〈인타임〉은 시간의 중요성을 알려준다. 사람들은 음식을 사고, 버스를 타고, 집세를 내는 등 삶에 필요한 모든 것을 시간으로 계산한다. 주어진 시간을 모두 소진하고 13자리 시계가 0이 되는 순간, 그 즉시 심장마비로 사망한다. 이 영화는 '시간은 생명이다'라고 말한다. 사람이 시간을 낭비하는 것은 스스로를 죽이는 것이다.

설교자가 설교에 절대시간을 투자해야 한다. 시간 투자를 하지 않으면 청중을 죽인다. 청중이 죽는 것은 설교자가 자신을 영적으로 살려내지 못했기에 그렇다. 자신을 살려내지 못한 설교자가 청중을 살려낼 수 없다. 설교자는 설교에 절대시간을 투자하는 것이 마땅하다. 만약 절대시간을 투자하지 않으면 청중을 죽게 만든다.

설교의 질은 시간을 얼마나 투입했는가에 결정된다. 청중이 좋아하는 설교는 시간을 많이 투자한 것이다. 이동원 목사도 설교에 20시간 이상을 투자한다. 필자도 청중의 반응이 좋은 설교는 시간을 많이 투자할 때인 것을 경험으로 안다.

절대적인 시간이 투입된 설교에 청중이 살기도 하고 죽기도 한다. 설교자는 설교에 많은 시간을 투자해야 한다. 권민창은 《잘 살아라 그게 최고의 복수다》에서 부자들이 시간 관리를 하는 5가지 이유를 말한다. 첫째, 시간이 돈이라는 걸 너무나도 잘 알고 있다. 둘째, 일정한 컨디션을 유지하기 위해서 셋째, 더 많은 시간을 확보하기 위해 넷째, 주도적인 삶을 살 수 있다. 다섯째, 우선순위를 파악하기 위해서이다. 부자들이 돈을 버는 것은 시간을 많이 투자했기 때문이다. 설교자가 설교에 시간을 많이 투자해야 한다. 시간 투자 여부에 청중을 살리는가 죽이는 가가 결정된다.

적은 시간 투자는 청중을 죽이겠다는 작심이 아닌가?

배움의 자세에서 중요한 것 중 하나가 시간 할애를 주저하지 않는 것이다. 설교에서 중요한 것이 설교에 시간 할애를 주저하지 않는 것이다. 설교자가 청중의 영혼을 살리지 못하고 죽이는 것은 시간 투자가 턱없이 부족하기 때문이다.

어떤 설교자는 이전에 했던 설교로 강단에 선다. 어떤 설교자는 외국어 책 한 권 들고 강단에 선다. 어떤 설교자는 남의 설교를 토씨 하나 바꾸지 않고 그대로 설교한다. 설교자로서 정도를 걷지 못하는 것은 시간 투자 부족에 기인한다.

목회자의 문해력이 중요하다. 목회력을 증진하는데 먼저 시간 투자를 해야 한다. 김도인 외 6인의 《목회트렌드 2025》에서 "문해력이 목회력(力)이다"라고 말한다. 목회의 힘은 문해력에 있다고 주장한다.

필자는 설교자의 문해력을 이렇게 정의한다. "나의 설교를 만들어 설교할 수 있는 능력이다." 설교를 스스로 완성해 설교하는 문해력을 갖추려면 많은 시간을 투자할 때 가능하다. 설교자가 청중을 죽이지 않으려면 설교에 많은 시간을 투자해야 한다. 만약 시간 투자가 적다면 청중을 죽이겠다고 작정한 것이라고 말할 수밖에 없다.

설교자가 설교에 많은 시간을 투자해 청중을 살리는 것은 하나님 사랑의 표현이다. 동시에 청중 사랑의 표현이다. 시간 투자가 적은 것은 청중이 설교를 듣기 전에 이미 영적 사망 선고를 받은 것이다.

어떤 설교자는 5분 설교하기 위해 최소한 20배를 투자한단다. 리샹룽은 《1시간에 끝내는 대화의 기술》에서 자신은 강연할 때 1분 정도 자기소개를 이렇게 한다. "저는 강사이자 작가입니다. 앞으로 여러분과 두 시간 동안 함께 보낼 사람입니다." 그는 독자와 오랜 시간을 보내겠다고 한다.

강연자가 청중과 오랜 시간 보내려면 많은 준비를 해야 한다. 설교자가 청중과 30분을 보내려면 많은 시간을 투자해야 한다. 설교자의 시간 투자는 하나님과 오랜 시간을 보내겠다는 신앙 고백이다. 하나님과 오랜 시간 보내지 않고 설교하면 청중의 영혼은 예배당 문을 나서면서 서서히 죽어간다.

김도인 목사

〈아트설교연구원〉 대표이자 출판사 〈글과길〉 대표이다.
저서로는 《설교는 글쓰기다3》, 《목회트렌드 2025》 등이 있다.

Chapter 2

살리는 설교!

살리는 설교

1

매일의 말씀 읽기가 설교를 살린다

습관이 삶을 바꾼다

사람은 어떤 습관을 가지느냐가 인생을 좌우한다. 좋은 설교자도 습관이 만든다. 잭 D. 핫지는 《습관의 힘》에서 일상적인 행동의 90%는 습관을 바탕으로 한다고 말한다. 나쁜 습관은 인생을 망치지만, 좋은 습관은 승리하는 인생을 만든다.

좋은 설교자는 좋은 습관에 의해 만들어진다. 도스토옙스키는 "습관은 인간으로 하여금 그 어떤 일도 할 수 있게 만들어준다."라고 한다. 영국의 극작가이자 시인인 존 드라이든도《작은 승리의 법칙》에서 이렇게 말했다. "처음에는 우리가 습관을 만들지만, 나중에는 습관이 우리를 만든다." 습관은 이렇게 중요하다. 지금의 나는 과거의 습관이 만들어 낸 결과물이다. 습관이 인생을 만든다. 습관이 좋은 설교자를 만든다.

습관은 나도 모르게 행동할 때 내 몸이 반응하게 한다. 이 습관은 반복과 훈련을 통해 내 몸에 습득된다. 다니엘은 생명의 위협 속에서도 예루살렘을 향해 창문을 열고 습관대로 하루 세 번씩 무릎을 꿇고 기도하며 하나님께 감사한다(단6:10). 예수님께서도 습관을 따라 기도하신다(눅22:39). 설교자도 하나님께서 기뻐하시는 습관에 따라 살아야 한다.

설교자가 가져야 할 가장 좋은 습관은 무엇일까? 매일 말씀을 읽는 것이다. 설교자는 기도도 찬양도 습관이 돼야 한다. 그 중 매일 말씀을 읽는 습관을 가져야 한다.《옥한흠 목사가 목사에게》에서 옥한흠 목사가 부교역자들에게 한 말이다. "결국 말씀이 사람을 바꿉니다. 말씀이 성령으로 충만하게 합니다. 말씀이 기도하게 하고, 말씀이 찬양하게 합니다. 말씀이 무너지면 다 무너집니다." 설교자가 매일 말씀을 읽는 습관을 가지면 말씀의 사람이 된다. 성령 충만한 사람이 된다. 기도의 사람이 된다. 찬양의 사람이 된다. 이런 영적인 습관에 따라 설교가 살아난다. 청중이 설교를 듣고 살아난다.

설교자는 매일 말씀읽기로 설교를 살려야 한다

기독교는 계시의 종교다. 사람의 이성으로는 하나님을 알 수가 없다. 하나님께서는 일반계시와 특별계시를 통해 하나님을 알려주셨다. 특별계시는 성경이다. 성경은 1,600여년에 걸쳐 40여명의 사람들이 하나님의 감동으로 기록한 책이다. 하나님께서는 이 귀한 하나님의 말씀인 성경을 우리에게 선물로 주셨다. 그럼에도 성경책을 소중히 여기지 않는 사람들이 있다. 간디는 이런 그리스도인들을 향해 이렇게 말했다. "당신네 크리스천들은 모든 문명들을 산산조각내고 세상을 발칵 뒤집을 정도로 충분한 다이너마이트가 들어 있는, 또한 전쟁으로 찢긴 이 땅에 평화를 가져다줄 문서를 좇는 사람들입니다. 그러나 당신들은 그 문서를 마치 한낱 한 권의 좋은 문학작품 정도로만 여기고 있습니다."

설교자 중에 성경을 좋은 문학 작품 정도로 여기는 사람은 없을 것이다. 하지만 설교자들 가운데 말씀을 소중히 여기지 않고 읽지도 않는 사람이 있다. 청중을 살리는 설교를 하려면 성경을 매일 읽어야 한다. 왜 성경을 읽어야 살리는 설교를 할 수 있는 것일까?

첫째, 성경은 설교자를 깨뜨리는 도끼이기 때문이다. 《변신》의 작가인 프란츠 카프카는 "책이란 우리 안의 얼어붙은 바다를 깨는 도끼가 되어야 한다."라고 말했다. 사람이 쓴 책도 얼어붙은 생각과 마음을 깨는 도끼가 된다. 하나님의 감동으로 쓰여진 하나님의 책인 성경은 설교자의 얼어버린 마음과 생각의 바다를 깨뜨리는 도끼 중에서 가장 예리한 도끼다. 청중의 굳게 닫힌 마음을 스르륵 열게 하는 도끼다. 히브리서 기자도 이렇게 말씀한다. "하나님의 말씀은 살아 있고 활력이 있어 좌우에 날선 어떤 검보다도 예리하여 혼과 영과 및 관절과 골수를 찔러 쪼개기까지 하며 또 마음의 생각과 뜻을 판단하나니(히4:12)"

설교자는 성경읽기를 통해 안주하려는 마음을 깨뜨려야 한다. 나태해지려는 생각을 깨뜨려야 한다. 굳어져 있는 고정관념을 깨뜨려야 한다. 깨뜨려야 살리는 설교를 할 수 있다.

둘째, 성경읽기를 통해 하나님의 음성을 들을 수 있기 때문이다. 성경은 하나님께서 말씀하신 것을 기록한 과거의 책이지만 성경을 읽을 때 하나님께서는 현재도 말씀하신다. 나이젤 베이넌, 앤드류 사치는 《성경이 말하게 하라》에서 이렇게 말한다. "성경은 죽은 책이 아니다. 진리가 담겨 있으나 지루한 책이 아니다. 하나님의 말씀이다. 하나님이 지금 말씀하시는 내용을 담고 있는 책이다. 살아 있고 운동력이 있는 책이다. 마치 친구와 전화 통화를 하는 것과 비슷하다. 다른 점이라면, 대화하는 친구가 '하나님'이라는 사실이다. 하나님은 지금도 말씀하신다. 이는 우리가 성경을 읽을 때 일어나는 일이다."

설교자는 성경읽기를 통해 이 시대에 말씀하시는 하나님의 음성을 들어야 한다. 하나님의 음성을 듣기 위해 기도하면서 성경읽기를 해야 한다. 하나님의 음성은 설교자가 듣고 싶다고 들을 수 있는 것이 아니다. 하나님께서 말씀하셔야 들을 수 있다. 마틴 루터의 《탁상 담화》에서 한 말이다. "거룩한 성경은 말씀을 겸손하게 대하는 자들, 존경을 보이며 두려움과 떨림으로 하나님의 말씀 앞에 나아가는 자들을 요구한다. 그들은 쉬지 않고 말씀을 대하며 '나를 가르치소서, 가르치소서, 가르치소서, 가르치소서'라고 하는 자들이다." 설교자가 성경읽기를 통해 하나님의 음성을 듣고 말씀을 선포할 때 청중의 영혼은 살아나게 된다.

셋째, 묵상의 시작은 말씀읽기다. 성경에서 말하는 묵상은 소리내어 읽는 것이다. 묵상은 히브리어로 '하가'라고 한다. 이는 '중얼거리다. 속삭이다'는 뜻이다. 개혁한글 성경에서 '묵상'이라는 말이 개역개정 성경에서는 '읊조리다'로 바뀌었다. '읊조리다'는 '소리낸다. 되풀이한다. 곱씹는다'는 의미다. 설교자는 말씀을 묵상하고 그것을 설교로 연결해야 한다. 설교로 연결되는 묵상은 성경읽기부터 시작된다.

묵상은 말씀을 읽고 되새김질하는 것이다. 예전에 시골에서 아버지와 함께 칡을 캐러 갔던 기억이 있다. 칡은 먹을 것이 없었던 어린 시절 좋은 간식이었다. 칡은 처음 먹을 때 쓰다. 하지만 껌처럼 계속 씹다 보면 단맛이 난다. 처음 말씀을 접하면 단맛이 안 느껴질 수도 있다. 하지만 반복해서 읽고 되새김질하다 보면 단맛이 나기 시작한다. 시편기자는 노래한다. "여호와를 경외하는 도는 정결하여 영원까지 이르고 여호와의 법도 진실하여 다 의로우니 금 곧 많은 순금보다 더 사모할 것이며 꿀과 송이꿀보다 더 달도다(시19:9-10)" 말씀을 읽고 되새김 하면 꿀과 송이꿀보다 더 단 말씀의 맛을 경험하게 된다. 존 파이퍼목사는 《초자연적 성경 읽기》에서 이렇게 말한다. "성경의 풍성함을 보지 못하게 막는 장애물은 그리스어와 히브리어를 모른다는 사실이 아니라 보고, 보고, 또 보는 끈기가 없다는 데 있다." 설교자가 매일 끈기 있게 말씀을 읽고 묵상할 때 말씀의 풍성함을 경험하게 되고 설교가 꿀과 송이꿀보다 더 달아 청중이 살아난다.

말씀이 삶이 돼야 한다

설교자는 매일 말씀과 함께 하는 것을 넘어 말씀이 삶이 돼야 한다. 말씀이 삶이 되려면 실행이 뒷받침 돼야 한다. IQ(Intelligence Quotient)는 지능지수다. EQ(Emotional Quotient)는 감성지수다. XQ(Execution Quotient)는 실행력지수다.

알리바마 그룹의 회장인 마윈과 소프트뱅크 그룹회장인 손정의는 하나의 주제로 이야기한 적이 있었다. "일류의 아이디어에 삼류의 실행을 더하는 것과 삼류의 아이디어에 일류의 실행을 더하는 것 중에 어느 것을 선택할 것인가?" 두 사람의 답은 일치했다. "삼류의 아이디어에 일류의 실천이 낫다." 가오위안도 《하버드 행동력 수업》에서 "당신이 실패하는 이유는 단 하나, 행동하지 않기 때문이다"라고 말한다. 야고보 사도도 이렇게 말씀한다. "영혼 없는 몸이 죽은 것 같이 행함이 없는 믿음은 죽은 것이니라(약2:26)."

설교자에게 중요한 것은 매일 말씀을 읽겠다는 것이 아니라 실행력이다. 설교자는 말씀을 읽고 묵상을 실행해야 한다. 말씀과 매일 함께해야 한다. 말씀을 읽고 전해야 한다. 더 중요한 것은 말씀이 삶이 돼야 한다. 아는 것과 행하는 것은 별개다. 알고 있다고 행하고 있는 것이 아니다. 설교자가 아는 말씀을 행해야 하는 것은 살리는 설교를 하기 위해서다.

유진 피터슨의 《이 책을 먹으라》에서 이렇게 말한다. "성경을 적절하게 그리고 정확하게 읽기 위해서는 성경을 읽기 위한 선행 조건으로서 혹은 성경을 읽고 난 결과로서 그것을 살아야 한다는 것이 아니라, 성경을 읽는 동시에 살아야 한다는 것이다. 삶과 독서가 상호적이 되어야 하고, 몸짓과 말 그리고 그것의 상호 작용이 독서를 삶에 동화되게 하고 삶을 독서에 동화되게 해야 한다. 성경을 읽는 것은 복음을 사는 것과 분리된 활동이 아니라 그것에 꼭 필요한 활동이다." 그의 말처럼 설교자는 성경을 읽는 동시에 그대로 살아야 한다.

말씀이 진리임을 어떻게 증명할 것인가? 간단하다. 읽는 말씀대로 살아보는 것이다. 말씀이 진리일까 고민에 고민을 거듭할수록 미궁에 빠진다. "먼저 그의 나라와 그의 의를 구하면 모든 것을 더 해주시겠다(마6:33)"라고 하셨으니 먼저 그의 나라와 의를 구해보는 것이다. "주 앞에서 낮추면 높여주신다(약4:10)"라고 하셨으니 정말 높여주시는지 주 앞에서 낮추기를 행하는 것이다.

설교자에게 말씀 실행력이 중요하다. 말씀 실행력은 자동차의 엑셀레이트와 같다. 아주 좋은 자동차가 있다. 그 차는 시동까지 걸려 있다. 하지만 엑셀레이트를 밟지 않으면 차는 달리지 못한다. 차가 달릴 것이라는 생각이 차를 달리게 할 수 없다. '차가 달릴 줄 믿습니다.' 기도만 하고 있으면 안 된다. 차는 엑셀레이트를 밟을 때 달릴 수 있다.

실행하지 않으면 결과물이 나오지 않는다. 아브라함은 이삭을 바치라는 하나님의 말씀이 이해가 되지 않았지만 순종한다. 아침 일찍 일어나 행동한다. 이삭을 바치려는 순간 하나님께 합격도장을 받는다. 이삭도 살리고 믿음도 인정받는다. 아브라함이 생각만 하고 행동하지 않았다면 이런 결과는 없다.

설교자는 말씀을 전하기 때문에 매일 말씀을 읽고 있지 않으면서 읽는 것처럼 생각할 수 있다. 말씀과 매일 함께하고, 말씀대로 사는 것처럼 착각할 수 있다. 바울은 이 사실을 잘 알고 있어서 이렇게 고백한다. "내가 내 몸을 쳐 복종하게 함은 내가 남에게 전파한 후에 자신이 도리어 버림을 당할까 두려워함이로다(고전9:27)."

하나님께서는 설교자에게 말씀의 사역을 맡겨주셨다. 그렇다면 설교자는 매일 말씀을 읽어야 한다. 말씀과 함께 해야 한다. 말씀이 삶이 돼야 한다. 그럴 때 설교가 살아난다. 살아있는 설교를 통해 청중들의 영혼이 살아난다.

이재영 목사

〈아트설교연구원〉 부대표이다.
저서로는 《희망도 습관이다》, 《신앙은 역설이다》 등이 있다.

2

하나님의 사랑이 설교를 살린다

의식이 살리는 설교를 만든다

"도전하는 자만이 성취할 수 있다."

엄홍길은 167cm의 작은 키, 67kg의 체구로 인류 역사상 최초로 해발 8,000m급 히말라야 16좌 완등에 성공한다. 해발 8,000m급 히말라야 16좌 완등에 성공은 쉽지 않았다. 1988년부터 2007년까지 38번의 실패를 했다. 그는 16번의 성공 끝에 히말라야 16좌를 세계 최초로 완등했다. 엄홍길은 8,000미터 높이의 산 등정이 쉽지 않다고 한다. 8,000m의 산에서는 산소가 해수면의 3분의 1가량에 불과하기 때문이다. 높은 산에서는 두세 발을 움직인 뒤 3-5분간 숨을 거칠게 쉬어야 한다. 쉬어야 다음 한 발을 내딛을 수 있다. 고봉이므로 체력은 금방 고갈된다. 8,000미터 높이의 산은 평균 기온이 영하 30~50도라 손끝과 발끝은 감각이 거의 없다. 악조건이므로 죽음에 대한 공포도 자주 느끼지만 그는 정신력으로 극복했다.

그의 산에 대한 생각은 남다르다. 삶에서 '산 말고는 아무것도 없다'라고 말할 정도다. 그에게 산은 처음에는 극복과 도전의 대상이었다. 산에 오르고 실패를 하면서 언젠가부터 '산이 나를 받아줘야 한다'는 마음을 갖게 되었다. '산이 있으므로 제가 존재하고, 제가 존재하므로 산이 존재하기 때문'이라고 깨달았다.

산을 향한 그의 말에 가슴 벅찬 울림이 있다. 설교자로서 우리는 어떤 의식으로 설교를 하고 있는지 깊이 생각해봐야 한다. 한두 번의 실패가 아닌 생사의 귀로에서 38번 실패 했다는 것을 통해 설교자는 자신을 돌아보는 계기로 삼아야 한다.

엄홍길은 많은 실패를 했다. 그 실패로 위대한 업적을 이뤘다. 설교자는 설교에 대한 실패를 두려워하지 않아야 한다. 실패는 내가 노력하고 있다는 증거이고, 비난은 내가 비위를 맞추고 있지 않다는 증거이다. 설교자는 실패를 통해 나를 다독이는 하나님의 친밀한 손길을 느낀다. 실패와 성공은 이어져 있다. 골짜기와 정상도 이어져 있다. 마찬가지로 고난과 영광도 이어져 있다. 둘은 결코 따로 존재하지 않는다. 더구나 높은 곳에서 보면 높낮이가 없다.

둘이 이어져 있음을 낮은 곳에서는 결코 볼 수 없다. 우리가 실패만 보면 성공을 이루지 못한다. 설교에서 문제보다 깊은 수렁에 빠지면 살리는 설교하기 어렵다.

어떤 것이든 입구가 있으면 출구가 있다. 오르막이 있으면 내리막이 기다린다. 문제가 있으면 반드시 답이 있다. 우리에게 있는 가장 큰 능력은 하나님의 사랑이다. 그 사랑으로 설교자는 청중을 살리는 설교를 할 수 있다.

최고의 선물은 사랑이다

요한일서 4장 16절이다. "하나님은 사랑이시라" 하나님은 사랑 그 자체다. 하나님은 사랑 자체인 자신을 우리에게 선물로 주셨다. 그 사랑은 최고의 사랑이다. 우리는 하나님께로부터 최고로 값진 사랑을 선물로 받았다. 하나님은 최고의 사랑을 엘림의 열둘 물 샘처럼 풍부하게 부어준다. 우리를 70그루의 종려나무 숲속으로 인도한다. 한 방울의 수분이라도 남김없이 다 태워버릴 듯한 강렬한 태양 아래서도 평안함으로 안도의 숨을 쉬게 한다.

설교자는 하나님의 사랑으로 설교한다. 하나님의 그 사랑은 고

귀하다. 그 사랑은 지극히 현실적이다. 하나님의 사랑은 현존적이다. 언제나 공평하다. 설교자에게 살리는 설교를 하도록 하는 희망이다. 아무런 희망이 없다고 말할 때에도 결코 한줄기 희망을 붙잡도록 해주어 청중을 살리는 희망의 길을 연다.

로마서 5장 8절에서 "우리가 아직 죄인 되었을 때에 그리스도께서 우리를 위하여 죽으심으로 하나님께서 우리에게 대한 자기의 사랑을 확증하셨느니라"라고 말씀하신다. 우리를 향한 하나님의 최고의 사랑은 십자가로 보이셨다. 십자가 죽음으로 우리 죄를 대신 갚아 주셨다. 그것으로 하나님의 사랑은 증명된 사랑이 된 것이다.

이 세상에 사랑이란 말처럼 아름다운 말은 없다. 하나님의 가장 가치 있고 고귀한 마음을 잘 표현한 말이 사랑이다. 사랑은 모든 것을 품어준다. 하나님은 설교자에게 청중을 살리는 사랑의 마음을 주셨다.

'사랑하다'의 히브리어 '하샤크'는 '달라붙다, 집착하다'라는 뜻이다. 즉 하나님께 대한 전적인 신뢰를 의미한다. 하나님을 절대적으로 믿고 의지함이 필요한 것이 사랑이다. 오스왈드 챔버스는 《놀라운 하나님의 사랑》에서 "'하나님은 사랑이시라'는 진리가 우리의 삶 속에서 경험되어지고 있는가? 아버지 하나님의 그 풍성한, 흘러넘치는 사랑은 누리고 있는가?"라고 묻는다.

하나님과의 관계를 회복하는 길은 사랑이다. 아무리 늦어도 새로 시작할 수 있고, 아무리 멀리 가도 돌아설 수 있다. 설교자의 사역 속에서 하나님의 사랑을 경험하기를 원한다면 설교자의 한계를 아는 것이 큰 복이다. 어리석은 자는 맞고 돌아서고 지혜로운 자는 맞기 전에 돌아서지 않던가? 지혜로운 설교자가 되는 길은 아주 간단하다. 하나님의 사랑을 확신해 청중을 살리는 설교자가 되면 된다.

설교자는 두렵고 떨림으로 처음 설교할 때 마음가짐인 첫사랑을 회복해야 한다. 어디서부터 살리는 설교 대신 죽이는 설교를 했는지 기억을 더듬어야 한다. 만약 살리는 설교자의 본연의 길을 잃었다면 살리는 설교하기 위해 몸부림 친 출발지로 되돌아가야 한다.

설교자는 살리는 설교를 치열하게 하지 않을 때 하나님과의 사랑의 관계를 회복하고자 해야 한다. 죽이는 설교를 한 어두운 터널에서도 살리는 설교를 위한 한 줄기 광선이 우리를 기다린다.

팀 켈러는 《답이 되는 기독교》에서 "포스트모던 문화가 사람들을 삶의 의미에 대해 본질적인 질문을 하지 않도록 스스로 훈련하여 무의미한 자신의 모든 활동의 결과를 생각하지 않도록 단련해야 한다고 가르친다"라고 말한다. 설교자는 살리는 설교를 할 수 있기 위해 하나님의 사랑으로 단련되어야 한다. 그럴 때 죽어있는 청중을 살리는 설교를 할 수 있다.

인간의 존재 깊은 곳에 하나님이 계시기 위해 만들어 놓으신 하나님 크기의 공간이 있다면 설교자에게는 청중을 살리는 설교를 할 수 있도록 주셨다. 그러므로 살리는 설교 할 수 있도록 우리 중심에 하나님만을 모셔야 한다. 파스칼은 "모든 사람의 마음에는 하나님이 만드신 하나의 공간, 즉 공백이 있다. 이것은 어떤 피조물로도 채울 수 없고 오직 예수 그리스도를 통하여 하나님만이 채워주실 수 있는 공백이다"라고 말한다. 살리는 설교도 하나님만이 해 주실 수 있다. 우리 능력으로 안 된다. 모든 것을 다 가졌고 해 보고 싶은 것 다 해보았던 솔로몬은 "헛되고 헛되며 헛되니 모든 것이 헛되도다"(전 1:2)라고 한다. 팀 켈러는 《하나님을 말한다》에서 "하나님을 중심에 두지 않는 삶은 필연적으로 공허하다. 하나님을 제쳐 놓은 채 다른 무언가 위해 삶을 구축하면 마음의 소원을 풀지 못할 때뿐 아니라 뜻을 이루어도 상처가 남는다"라고 한다.

살리는 설교를 하려면 설교자의 힘으로 안 된다. 하나님의 사랑이 부어져야 가능하다. 에덴동산에서 첫 인간의 타락은 그저 먼 옛날이야기가 아니다. 지금도 얼마든지 일어나고 있는 현실이다.

사람이 바람의 방향은 바꿀 수 없어도 돛의 방향을 바꿔 목적지에 이를 수 있다. 실족했어도 다시 일어날 수 있다. 실수했어도 다시 추스르고 일어날 수 있다. 실패했어도 다시 하면 된다. 전능하신 하나님만 붙들면 살리는 설교할 수 있다.

코로나19 팬데믹 2년이 우리에게 준 교훈이 있다. 백신의 빠른 연구와 치료, 공기로 바이러스 전파, 재택근무, 사회 취약계층에게 가장 타격, 언제, 어떻게 끝날지 미지수라고 〈BBC 뉴스 코리아〉에서 말했다.

팬데믹은 교회에도 지대한 영향을 주었다. 그것은 교회론에 대한 새로운 도전이 되었다. 모이는 교회, 기도하는 교회, 하나님의 성령이 역사하는 교회가 힘을 잃었다. 설교자들에게도 세상 안일함과 건강 염려증이 찾아왔다. 영적 갈급함이 사라졌다. 살리는 설교를 위한 사생결단하는 마음이 보이지 않는다.

팬데믹 이후 설교자는 본질에 집중해야 한다. 살리는 설교하기 위해 분연히 일어서야 한다. 우리를 안아주시고 반겨주시는 주님의 품으로 들어가 살리는 설교를 기필코 해내야 한다. 하나님의 사랑이 내 마음에 있으면 청중을 설교로 살릴 수 있다. 다른 방법을 배울 것이 아니다. 내 안에 그 사랑이 타오르게 해야 한다. 살리는 설교자가 되도록 가슴에 하나님 사랑의 불을 붙여야 한다.

사랑의 화원을 가꿔라

설교자는 살리는 설교를 할 수 있는 사랑의 화원을 가꿔야 한다. 척박한 환경에서 식물이 자라나기는 어렵다. 풍부한 양분과 따뜻한 햇살, 알맞은 수분을 적셔 주어야 한다.

화초를 지인으로부터 선물 받았다. 알맞은 곳을 찾아 자리를 잡고 두었다. 화분이 놓이자 잃어버린 식구를 찾은 것처럼 반가웠다. 반려식물을 키우는 식집사로 등극하는 순간이다. 신선한 물을 공급해주고 영양제도 섭취해 주었다. 식물은 잘 자라고 있다.

며칠 여행을 다녀오니 이파리가 말라 살 가능성이 희박해 보인다. 이대로 보내기는 싫었다. 다시 희망을 꿈꾸며 돌봐주었다. 새 싹이 돋아났다.

혼탁한 세상, 인공지능 등으로 인본주의가 범람하는 시대에 청중이 식물 이파리가 말라 죽는 것처럼 죽어가고 있다. 설교자는 살리는 설교로 청중을 살려야 한다. 죽어가는 청중을 그저 바라보며 주저앉으면 안 된다. 내 안에 찾아오신 하나님의 사랑으로 세심하게 보살펴 설교로 살려야 한다.

흐르는 물도 길이 있듯이 하나님의 사랑도 정도가 있다. 하나님 사랑은 인간에게 꼭 필요한 영양소다. 하나님 사랑은 말씀으로 우리에게 주셨다. 누구나 먹을 수 있게 주셨다. 사랑의 화원이다. 화원은 언제나 들어오고 나갈 수 있게 활짝 열려있다.

청중이 설교자가 살리는 설교를 하지 못해 세상에서 즐거움을 찾고, 보람을 찾으려 한다면 하나님이 거하시는 화원에 못 들어가게 하는 격이 된다. 청중이 하나님의 사랑의 화원에 들어가는가의 여부는 설교자 안에 무엇이 들어갔는가? 설교자가 무엇을 추구하는가에 달렸다. 내 마음속에서 벌어진 일이 후에 내 밖에서 그대로 재연된다. 먼저 내 안에서 살리는 설교가 이뤄지지 않으면 내 밖에서 결코 이루어지지 않는다.

몸이 건강하려면 먹는 것을 바꾸라고 한다. 먹는 것을 바꾸지 않으면 몸을 바꿀 수 없다. 생각하는 것을 바꾸지 않으면 내 삶을 바꿀 수 없다. 죽이는 설교에서 살리는 설교로 바꾸지 않으면 청중을 세상에 방치할 뿐이다.

하나님 사랑만이 청중을 살린다. 설교자가 하나님 사랑으로 충만하면 청중을 살린다. 하나님 사랑으로 충만한 설교자가 살리는 설교를 선포하면 청중이 산다. 시편 8편 4절에 "사람이 무엇이기에 주께서 그를 생각하시며 인자가 무엇이기에 주께서 그를 돌보시나이까." 라고 말씀한다.

하나님의 사랑이 설교를 살린다. 설교자가 하나님의 사랑으로 넘쳐야 한다. 그 사랑이 청중에게 흘러가면 청중이 살아난다. 살리는 설교를 하려면 설교자의 마음을 하나님의 사랑이 충만한 성령의 화원이 돼야 한다.

살리는 설교

김인해 목사

목포호산나교회 위임목사이다.
저서로는 《대화가 인생을 UP 시킨다》가 있다.

3

메시지보다
메신저가 중요하다

좋은 메시지가 영혼을 살린다

2023년 KBS에서 일반 국민을 대상으로 조사한 자료에 따르면 한국인들이 가장 좋아하는 시는 바로 김소월 시인의 '진달래꽃'이다. 진달래꽃은 1925년 발간된 김소월의 시집 <진달래꽃>에 들어있는 서정시로서 이별의 슬픔을 한국 고유의 정서로 드러냈다. 지난 100년 동안 한국인들의 정서에 가장 부합한다는 평가를 받는다.

2위는 윤동주 시인의 '서시'다. 삶에 대한 성찰을 읊은 시다. 3위는 김춘수 시인의 '꽃'이다. 아름다운 시는 삶에 지친 독자의 마음을 달래준다. 시가 주는 메시지가 독자의 삶에 깊게 자리 잡기 때문이다. 좋은 메시지는 친구의 격려보다 더 큰 위로를 선물한다.

우리나라 속담 가운데 "말 한마디가 천 냥 빚도 갚는다."라는 말이 있다. 좋은 말 한마디가 어려움이나 문제를 해결할 수 있다는 의미다. 경제적인 논리보다 상황에 맞게 따뜻하게 건네는 메시지가 큰 가치를 발휘한다. 메시지가 가진 힘이다.

한국교회가 좋아하는 메시지도 있다. "교회는 건물이 아니다. 그것은 예수 그리스도의 사랑으로 함께 묶는 신자들이 공동체이다." "교회는 하나님의 대안 사회의 가시적인 공동체라고 불린다." "교회는 사교 클럽이 아니라 세상에서 그리스도의 일을 수행하기 위해 소집된 영적인 공동체이다." "교회는 단순히 일요일에 가는 곳이 아니라, 삶을 함께 살고 서로를 지지하는 공동체이다." 교회가 좋아하는 메시지는 가치를 품고 있다.

교회는 세상을 향해 가치를 드러내고 예수 그리스도를 보여주는 메시지가 돼야 한다. 교회가 그리스도를 보여줄 때 교회의 메시지가 빛난다. 어두운 세상에 빛나는 그리스도를 바라보며 청중이 위로받고, 어려움에 빠진 성도가 힘을 얻는다. 좋은 메시지가 죽어가는 영혼을 살린다. 그래서 메시지는 빛나는 보석이다.

모든 보석은 원석의 단계가 있다. 그러나 모든 원석이 보석이 되지는 않는다. 세공 기술자가 원석을 가공하는 실력에 따라 예물로 쓰이는 다이아몬드가 되거나 유리를 자르는 공업용 다이아몬드가 된다.

예물은 결혼 상대자를 돋보이게 하고, 행복한 미래를 약속한다. 많은 신부가 결혼식에서 크기가 큰 다이아몬드를 원한다. 보석을 통해 상대가 나를 사랑하고 있다고 받아들이기 때문이다. 공업용은 단지 유리를 자르는 일에만 쓰임 받는다. 원석보다 실력 있는 세공 기술자를 만나는 것이 중요하다.

이 시대를 살아가는 청중은 다이아몬드와 같은 메시지를 원한다. 자기의 삶에 퍼즐처럼 맞추어져 고통을 줄여주고, 노력을 도와주는 디딤돌, 기쁨을 응원하는 메시지다. 메시지는 청중에게 소중한 순간과 깊은 감정을 간직하게 만든다. 이러한 메시지는 보석처럼 평생 간직한다. 그래서 좋은 메시지가 영혼을 살리고, 연료처럼 채워주는 메시지가 청중의 삶을 충족시킨다.

메신저가 메시지를 죽이고 있다

아무리 좋은 메시지라도 메신저에 따라 결과가 달라진다. 수많은 간증을 하며 사람들에게 영향을 많이 주었던 메신저가 있었다. 대도(大盜) 조세형 씨다. 1982년 체포되어 15년 수감생활을 한 후 독실한 기독교인이 되었다. 그가 예수를 믿으며 새사람이 되었다는 소문이 나면서 1998년 출소하자 갑자기 유명 인사가 되었다. 교회마다 그를 초빙해 신앙 간증을 들었다. 사회에서도 대도가 아닌 개선된 사람으로 인정받았다. 방범 경호업체의 고문이 되는가 하면 경찰관 앞에서 특강을 했다. 결혼하여 아이도 낳았다. 신앙이 위대하다는 찬사가 이어졌다. 그런데 재범이라는 소식이 들려왔다. 과연 그가 참회한 후에 전한 메시지가 진짜일까? 많은 사람 앞에서 외쳤던 메시지가 여전히 힘을 가지고 있는가? 많은 사람이 의문을 품는다. 메신저가 죄를 범함으로 말미암아 강단에서 전한 메시지를 죽였다.

역대하 18장에 거짓 선지자 시드기야 이야기가 나온다. 당시 이스라엘 왕 아합은 전쟁에 앞서 선지자에게 결과를 묻는다. 미가야는 길르앗 라못 전쟁에서 패한다며 하나님의 말씀을 전한다. 그런데 시드기야는 철로 뿔들을 만들어 와서 여호와의 말씀을 선포한다. 왕이 이것들로 아람 사람을 진멸하겠다고 승리를 예언한다. 승리의 메시지를 들은 여러 선지자도 시드기야가 한 말에 동조한다. 결과는 시드기야가 전한 메시지가 거짓으로 탄로 난다. 메신저가 전한 메시지로 인해 많은 사람이 생명을 잃었다. 거짓 메신저가 살아계신 하나님의 말씀을 어둡게 했다.

설교자도 메신저다. 설교자는 메신저로 청중에게 메시지를 전한다. 오늘날 청중은 메신저가 전한 메시지만 듣지 않는다. 메신저의 삶과 메시지를 함께 듣기 원한다. 청중은 메신저가 일주일을 어떻게 살아가는지 궁금하다. 어떤 책을 읽는지, 시간을 어떻게 활용하면서 살고 있는지. 어떤 사람과 연락하면서 지내는지, 어떤 영상을 즐겨 보고 있는지 등을 알고 싶어 한다. 이는 책, 시간, 사람 그리고 영상이 메신저의 삶을 대변해 주고 있다고 믿기 때문이다.

메신저의 삶은 메시지에 거울처럼 그대로 투영된다. 얼룩이 묻어 있는 삶은 메시지에도 달라붙고, 준비가 소홀한 시간은 메시지에 큰 틈으로 벌어진다. 이러한 삶을 살아가는 메신저는 메시지를 살릴 수 없다. 더 나아가 메시지를 듣는 청중도 살릴 수 없다. 메신저도 죽고 메시지도 죽고 청중도 함께 고사한다. 설교자로서 가장 마음 아픈 일이다. 메신저의 삶이 메시지를 죽인 결과다.

좋은 메신저가 죽은 메시지도 살린다

"좋은 메신저가 메시지를 살린다." 최태성 씨가 쓴 《다시, 역사의 쓸모》에 나오는 내용이다. 독일 출신의 미국 선교사 서서평은 침대 머릿밑에 이런 문구를 붙여 놓았다. "Not Success But Service"(성공이 아닌 섬김으로) 그녀는 이 문구를 놓고 날마다 기도했다. 간호사로 병원에서 근무하다가, 일제 강점기 시절 조선에 의료봉사 하러 들어왔다. 서서평의 눈에 들어온 것은 식민지 여성의 고단한 삶이었다. 조선 여성에게 기회를 주기 위해 여성성경학교를 세웠다.

1961년에는 한예정성경학교와 이일성경학교의 통합으로 한일장신대학교가 서서평 선교사의 정신을 이어오고 있다. 한일장신대학교는 지금도 서서평 선교사가 전한 "성공이 아닌 섬김으로"라는 메시지로 학생을 가르친다. 서서평 선교사의 삶이 그의 메시지를 진실하게 만들었다. 지금도 서서평 선교사의 삶을 본받고자 결단하는 메신저가 늘고 있다.

로이드 존스는 《로이드 존스의 설교 신학》에서 이렇게 말한다. 설교자에게 "성령만 의지해 복음을 그리스도 중심으로 전달하는 기능적 단순함을 강조하지 않는다. 언제나 설교자의 인격이 동반될 때 설교가 온전한 역할을 한다고 확신한다." 설교자의 설교 능력이나 가르치는 능력은 경건한 인격 이후에 고려해야 할 점이라고 강조한다. 메시지보다 메신저가 준비되어야 한다. 살리는 설교를 하기 위해서는 메시지보다 설교자의 삶이 중요하다.

준비된 설교자에게서 나오는 메시지는 죽지 않는다. 오랫동안 기억된다. 이는 설교자의 삶에서 준비된 메시지이기 때문이다. 삶은 설교자의 등에 남는다. 설교자의 등은 거짓말을 할 줄 모른다.

뒷모습에 관심을 보이는 사람이 과연 몇 명이나 될까? 프랑스 작가 미셸 투르니에는 뒷모습이 앞모습보다 더 중요하다고 말한다.

그의 산문집 《뒷모습》에는 이런 문장이 나온다. “뒷모습이 진실이다. 등은 거짓말을 할 줄 모른다.” 메시지를 돋보이게 하는 것은 설교자의 숨은 노력에 달려있다. 진실하게 살아가는 초침이 모여 분침을 이루고, 분침이 시침으로 이동하게 한다. 그렇게 만들어진 하루는 견실하다. 설교자의 견실한 삶이 청중을 살리는 메시지를 만든다.

설교자의 뒷모습은 좋은 습관으로 완성된다. 마치 흐르는 물 같다. 물이 흐르면 주변 생물이 살아갈 수 있는 공간이 생긴다. 설교자가 좋은 습관을 유지하면 자신도 살고 청중도 살릴 수 있다. 꾸준한 습관이 설교자의 뒷모습을 아름답게 만든다. 하지만 어떤 설교자는 목표를 세워놓고 꾸준하지 않아 문제를 일으킨다. 목회가 바쁘다며 주변을 어수선하게 만든다. 사람과의 관계가 힘들다고 핑계를 댄다. 어렵다고 손 놓고 방치한다. 이러한 설교자의 뒷모습은 신뢰가 생길 수 없다.

어떻게 하면 좋은 설교자가 될 수 있을까? 닮고 싶은 모델을 찾아야 한다. 필자는 주님으로부터 찾았다. 사도행전 20장 35절 말씀이다. “예수께서 친히 말씀하신 바 주는 것이 받는 것보다 복이 있다 하심을 기억하여야 할지니라.” 주님의 삶을 통해 필자가 원하는 메신저를 발견했다.

필자가 목회하는 교회 근처에 10개의 자연부락이 있다. 이 마을을 섬기기 위해 명절과 어버이날, 성탄절에 행사를 진행한다. 새해에는 달력 나누기, 가을에는 삼계탕 데이도 준비한다. 주님께서 보여주신 삶을 따라가려고 노력한다.

필자의 삶을 보고 "예산이 많으면 나도 할 수 있다."라고 주변에서 약간 조롱 섞인 말을 한다. 하지만 어르신 10명이 모인 작은 시골에서 예산이 얼마나 나올까. 재정보다 더 필요한 것이 많다. 메신저로서 바르게 살고자 결단하니 하나님께서 까마귀를 통해서 필요한 것을 가져다주신다(왕상 17:1-7).

많은 설교자가 살리는 설교하기를 원한다. 살리는 설교하기 위해서는 좋은 메신저가 되어야 한다. 설교자가 전하는 메시지가 보석이 되려면 원석을 잘 다듬어야 한다. 잘 다듬어진 메시지는 청중을 살린다. 메신저가 살았으니 메시지도 힘을 얻는다. 힘 있는 메시지를 들은 청중은 주일 설교를 통해 생명을 충전한다.

핸드폰은 급속 충전이 있어도 설교자에게 급속 충전은 없다. 어떤 설교자는 일 년 동안 삶을 다듬기도 하고, 또 다른 설교자는 삼 년 동안 책상에 앉아서 시간을 견딘다. 충전될 때까지 기다리기에 조급할 수 있지만, 완성될 때까지 기다린다. 그가 충전된 설교자가 되면 살리는 설교를 한다. 살리는 설교로 영혼을 살린다.

허진곤 목사

무주 금평교회 담임목사이다.
저서로는 《설교트렌드 2025》, 《다음 역도 문학녘》등이 있다.

4

설교자가 변화해야
설교를 살린다

변화하지 않으면 도태된다

세상은 너무 빨리 변하고 있다. 스마트폰에 정복당한 세상을 정확히 예견한 《포노 사피엔스》를 쓴 성균관대 최재봉교수는 2024년 6월에 《AI 사피엔스》라는 책을 출간했다. 그는 "지금은 AI 전쟁시대가 되었고 '포노사피엔스' 시대를 넘어 'AI 사피엔스'가 온다"라고 말한다. AI 사피엔스 시대에 변화의 속도가 빠르다고 강조한다. "이 책이 출판되어 독자 여러분을 만날 때쯤이면 이미 AI 기술은 또 크게 달라져 있을 것입니다." AI기술 뿐 만아니라 세상은 급변하고 있다. 변화의 속도가 점점 빨라지고 있다.

뉴턴의 제 1법칙은 관성의 법칙이다. 관성의 법칙이란 외부로부터 힘이 작용하지 않으면 물체의 운동 상태는 변하지 않는다는 법칙이다. 관성의 법칙은 우리가 살아가는 삶 가운데도 나타난다. 사람들이 기본적으로 변화에 대해 저항하는 것은 관성 때문이다. 자신의 삶을 그대로 유지하려고 하려는 저항의 관성이다. 변화가 두려워서 저항하는 사람도 있고, 변화가 싫어서 저항하는 사람도 있다. 편안한 삶을 위해 저항하는 사람도 있다. 분명한 사실은 변화하지 않으면 도태된다는 것이다.

빌게이츠에게 기자들이 "학교도 제대로 졸업하지 않은 당신이 세계 최고의 1인자가 된 비결은 무엇입니까?"라고 물었다. 빌게이츠는 다음과 같이 대답한다. "이 시대의 필수품은 6Q입니다. IQ(지능지수), EQ(감성지수), SQ(사회지수), GQ(세계화지수), MQ(도덕지수), CQ(변화지수), 저는 그중에서도 가장 중요한 것은 변화지수인 CQ라고 생각합니다. 그래서 날마다 새롭게 변화하려 했고, 어제와 다른 오늘을 만들어 냈습니다."

중세 교회가 타락하고 변질 된 것은 안락함의 덫에 빠졌기 때문이다. 즉 변화하지 못했기 때문이다. 기원전 313년 콘스탄틴 황제가 기독교를 국교로 공인하면서 교회는 박해의 시기를 마감했다.

태평성대를 맞는다. 이것이 교회에게 올무가 되었다. 그리스도인들은 안주하며 변화를 거부했다. 변화를 시도하는 사람을 변절자나 이단으로 정죄하고 처단했다. 교회가 변화하지 않고 변질되니 도태되었다.

한국교회도 도태되고 있다. 코로나19이후 더 심각하다. 박영돈 교수는 《일그러진 한국교회의 얼굴》에서 그 원인이 목사에게 있다고 말한다. "한국교회가 안고 있는 문제의 핵심에는 목사가 있다. 그렇다면 이 문제를 풀 열쇠도 상당 부분 목사에게 있다고 할 수 있다. 목사가 새로워지지 않고는 한국교회가 갱신될 수 없다." 설교자가 변화하려 하지 않으니 교회가 도태되고 말았다. 변화하는 것은 쉽지 않다. 변화된 것 같다가도 제자리로 돌아온다. 변화하는 데는 시간이 걸린다. 그럼에도 변화해야 한다. 변화하지 않으면 도태되기 때문이다.

변화는 'YOU'가 아니라 'I'부터

변화는 나부터 시작해야 한다. 사람은 변화의 초점을 자신이 아닌 남에게 맞추는 경향이 짙다. 나는 문제가 없고 다른 사람에게 문제가 있다고 생각한다. 설교자는 청중을 변화시키려고 한다. 그러나 변화시키려고 하면 할수록 변화되지 않는다. 무엇이 문제일까? 변화해야 할 사람은 청중이 아니라 설교자 자신이기 때문이다.

철학계의 아인슈타인이라 불리는 비트겐슈타인은 "당신이 세상을 변화시키기 위해서 할 수 있는 유일한 일은 당신 자신을 변화시키는 것이다."라고 말한다. 웨스터민스터 사원의 어느 주교 묘비에도 이런 글이 새겨져 있다. "이제 죽음을 맞이하는 자리에서 나는 깨닫는다. 만일 내가 나 자신을 먼저 변화시켰더라면, 그것을 보고 내 가족이 변화되었을 것을. 또한, 그것에 용기를 얻어 내 나라를 더 좋은 곳으로 바꿀 수 있었을 것을. 누가 아는가, 그러면 세상까지도 변화되었을지!"

김도인 목사도 《설교는 글쓰기》에서 이렇게 말한다. "목회란 목회자의 성장과 성숙이다. 목회는 먼저 '자기 목회'로부터 출발해야 한다. 청중의 변화 이전에 목회자의 변화가 더 중요하기 때문이다. 목회란 교회의 외형적인 성장 추구 이전에 목회자의 내적인 성숙을 추구하는 것이다. 바른 목회는 청중이 아니라 목회자 자신에게 초점을 맞추어야 한다. 목회는 목회자의 영적 성장이자 인격 도약이기 때문이다. 목회자가 하나님의 사람이 되는 것이 진짜 목회다."

남을 변화시키기 전에 내가 먼저 변화돼야 한다. 내가 문제투성인데 어떻게 남을 변화시킬 수 있겠는가? 설교자가 변화되지 않았는데 성도가 어떻게 변화되겠는가? 변화되지 않는 설교자의 설교가 어떻게 생명력이 있을 수 있겠는가?

하나님의 방법은 청중을 변화시키는 것이 아니다. 나를 먼저 변화시키는 것이다. 내가 먼저 변화될 때 변화된 나의 모습을 보고 청중이 변화한다. 내가 더 좋은 남편으로 변화되어 아내를 섬길 때 아내는 변화된다. 내가 더 좋은 부모로 변화되어 자녀를 섬길 때 자녀는 변화된다. 설교자가 더 좋은 설교자로 변화되어 청중에게 말씀을 전할 때 청중은 변화된다.

어떻게 해야 변화할 수 있을까?

변화는 생각보다 어렵다. 태양의 표면 온도는 섭씨 6,000도라고 한다. 태양의 중심온도는 섭씨 1,600만도라고 한다. 태양은 지구에서 1억 5천km 정도 떨어져 있다. 1억 5천km는 시속 300km로 KTX를 타고 한 번도 쉬지 않고 60년을 가야 하는 거리다. 놀라운 것은 1억 5천km 떨어진 태양이 발하는 열이 지구의 동식물들을 성장시킨다. 이런 태양도 사람을 변화시키지는 못한다. 변화가 쉬웠다면 누구나 변화되었을 것이다. 그렇다고 변화가 어렵다고 포기해서도 안 된다. 설교자는 변화해야 한다. 어떻게 해야 설교자가 변화할 수 있을까?

첫째, 내가 변화해야 하는 존재임을 인정해야 한다. 변화는 인정에서 출발한다. 변화가 필요 없는 설교자는 없다. 변화가 필요 없다고 생각하면 변화 자체를 시도하지 않는다. 변화가 필요 없다고 말하는 설교자는 교만하다. 이런 설교자는 성도들을 판단하고 정죄한다. 반면에 변화돼야 한다고 생각하는 설교자는 겸손하다. 섬긴다. 배우려고 한다.

임재성의 《한비자의 인생수업》에 나오는 내용이다. "사람이 변화하려면 스스로 변화의 필요성을 느껴야 가능하다. 자신이 왜 변해야 하는지 명확한 이유를 발견해야 비로소 움직이기 시작한다. 우리의 내면에는 변하려고 하는 쪽과 원래 상태를 유지하려는 쪽의 끊임없는 갈등이 벌어지고 있다. 일반적으로 승리하는 쪽은 원래 상태를 유지하려는 쪽이다. 이렇게 되면 잘못된 습관의 고리를 끊지 못해 변화를 일으키지 못한다. 그래서 변화를 이루려면 자신과의 싸움에서 이기는 능력이 필요하다. 자기 자신과의 싸움에서 패한 사람은 삶에서도 실패할 가능성이 높다." 설교자는 변화의 필요를 인정하고 자기와의 싸움에 승리하여 변화해야 한다.

둘째, 변화에 대한 절박함이 있어야 한다. 한근태는 《리더의 비유》에서 이렇게 말한다. "사실 변화는 귀찮고 짜증나는 일이다. 변화를 위해서는 절박한 그 무엇이 있어야 한다. 당신에게 절박한 그 무엇이 없는가? 없다면 지금처럼 주~욱 살면 된다. 물론 변화가 없으니 재미도 없고 그날이 그날 같을 것이다. 가장 나쁜 것은 말로만 하는 변화다." 누구나 변화를 시도한다. 그러나 시간이 지나면 변질되는 경우가 많다. 변화를 이룰 힘이 없기 때문이다. 변질은 저절로 되지만 변화는 힘쓰고 애써야 한다. 변화하려면 남다른 에너지가 있어야 한다. 그 에너지는 절박함이다. 절박함은 내 몸에 에너지를 불러 모으는 자석과 같다. 절박함이 클수록 답을 끌어오는 자력이 더 크게 생긴다. 설교자에게 변화에 대한 절박함이 있다면 변화는 일어난다.

셋째, 자신에게 좋은 질문을 해야 한다. 김종원 작가는《한 번 사는 인생, 어떻게 살아야 하는가》에서 최고의 질문이 무엇인지 말한다. "최악의 질문은 동시에 너무 많은 질문을 던지는 것이고, 보통의 질문은 타인에게 하는 것이며, 최고의 질문은 자신에게 던지는 것이다. 우리는 보통 질문은 타인에게 하는 것이라 생각한다. 하지만 진정한 질문은 자기 자신에게 하는 것이다."

설교자는 자신에게 최고의 질문을 해야 한다. 최고의 질문으로 설교의 답을 갖고 있어야 한다. '성도가 왜 변하지 않을까?'가 아니라 '내가 변화돼야 할 것은 무엇인가?' '나는 변화되고 있는가?'를 질문해야 한다. '교회가 왜 그럴까?'가 아니라 '나는 교회를 위해 얼마나 헌신하고 기도하고 있는가?'를 질문해야 한다. '청중들이 왜 설교에 반응을 보이지 않을까?'가 아니라 '내 설교의 문제점이 무엇일까?'를 질문해야 한다. 질문하면 생각하게 되고 답이 나온다. 답이 나오면 실행하면 된다. 실행하면 변화하게 된다.

변화는 익숙함에 시비를 걸고 자신에게 좋은 질문을 하면 일어난다. 설교자는 자신이 변화해야 하는 존재임을 먼저 인정해야 한다. 변화에 대한 절박함이 있어야 한다. 스스로에게 좋은 질문을 던지고 답을 찾아 행해야 한다.

변화에는 마침표가 없다

변화는 한 번으로 끝나서는 안 된다. 계속돼야 한다. 변화에는 '이만하면 됐다.'가 없다. 하나님 앞에 완전한 설교자란 있을 수 없다. 신학적 인간론에서 인간을 'being'이 아니라 'becoming'이라 표현한다. 'being'은 '존재'이고 'becoming'은 '존재화'를 의미한다. 곧 인간이란 '된 존재'가 아니라 '되어져 가는 존재'라는 것이다. 설교자는 하나님 앞에 설 때까지 '하나님께서 기뻐하시는 설교자'로 되어져 가야 한다. 변화를 추구해야 한다. 성숙하고 성장해야 한다.

이건희 회장은 가장 쉽고 현명하게 변화할 수 있는 세 가지 방법을 제시했다. 첫째, 한꺼번에 모든 변화를 이루려고 기대해서는 안 된다. 둘째, 올바르게 변화는 것이 중요하다. 셋째, 지속이 중요하다. 변화에는 마침표가 없다. 변화는 지속돼야 한다.

바울은 변화에 마침표를 찍지 않고 지속적인 변화를 추구한다. "내가 이미 얻었다 함도 아니요 온전히 이루었다 함도 아니라 오직 내가 그리스도 예수께 잡힌 바 된 그것을 잡으려고 달려가노라 형제들아 나는 아직 내가 잡은 줄로 여기지 아니하고 오직 한 일 즉 뒤에 있는 것은 잊어버리고 앞에 있는 것을 잡으려고 푯대를 향하여 그리스도 예수 안에서 하나님이 위에서 부르신 부름의 상을 위하여 달려가노라"(빌3:12-14)는 고백에서 알 수 있다.

바울은 더 이상 변화될 것이 없는 사람인 듯 보인다. 하지만 그는 '내가 아직 얻은 것도 없고 온전히 이룬 것이 없다.'라고 한다. '무엇인가 잡은 줄로 여기지 아니하고 한 일은 잊어버리고 푯대를 향하여 하나님께서 부르신 부름의 상을 위하여 달려간다'라고 고백한다. 설교자가 변화에 마침표를 찍는 날은 하나님 앞에 서는 날임을 잊지 말아야 한다.

설교자는 성도를 변화시키려고 하기 전에 먼저 자신을 변화시켜야 한다. 설교자가 변화되면 청중이 변화된다. 교회가 변화된다. 설교가 산다. 살리는 설교는 설교의 내용이 아니라 설교자의 변화에서 시작된다. 설교자가 변화되면 살리는 설교가 시작된다.

살 리 는 설 교

이재영 목사

〈아트설교연구원〉 부대표이다.
저서로는 《희망도 습관이다》, 《신앙은 역설이다》 등이 있다.

5

설교자가 성장해야 설교를 살린다

성장에는 한계가 없다

일본 작가 무라카미 하루키는 잡지 《부르터스》와 진행한 인터뷰에서 "현재 나의 문체는 달리기를 하면서 완성한 것 같습니다."라고 말한다. 하루키의 글쓰기 실력이 달리기에서 나왔다는 말이다. 하루키는 하루에 담배를 60개비씩 피워대던 사람이었다. 그런 그가 달리기를 하면서 담배를 끊고 소설도 더 많이 쓰게 되었다. 하루키는 달리기를 할 때 오히려 소설에 더 집중하게 되었다고 말한다. 달리기와 글쓰기가 어떤 관계가 있느냐는 질문에 하루키는 몰입이라고 대답한다. 달리기를 통해 몰입을 경험한 것이다.

달리기 시작하면 힘든 순간이 온다. 모든 사람이 포기하고 싶은 순간이다. 숨이 턱까지 차오르고 발은 천금보다 무거워진다. 포기하면 편안해질 것 같은 생각이 드는 순간이다. 한계에 다다른 것이다. 그러나 그 순간을 지나면 찾아오는 단계가 있다. 전문가들이 러너스 하이(Runners' High)라고 부르는 순간이다. 이 순간을 통과하면 고통이 엄청난 몰입으로 바뀌게 된다. 이 순간을 경험한 러너들은 달리기를 포기하지 못한다. 몰입이 주는 성장을 경험했기 때문이다.

성장에는 두 가지 단계가 있다. 육체의 성장과 내면의 성장이다. 10대 청소년을 보면 하루가 다르게 성장한다. 그러나 아쉽게도 육체의 성장에는 한계가 있다. 어느 순간을 넘어서면 더는 성장하지 않는다. 필자도 계단을 두 칸씩 뛰어오르던 젊음의 시절이 있었다. 그러나 지금은 한 칸도 조심히 올라간다. 육체의 성장에는 한계가 있다. 아무리 열심히 해도 안 되는 부분이 분명히 존재한다.

육체의 성장과는 다르게 내면의 성장에는 한계가 없다. 내면의 성장은 나이와 상관없이 찾아온다. 김형석 서울대 명예교수는 104세 나이에도 활발히 저술 활동을 이어가고 있다. 육체는 나이가 들수록 한계가 다가오지만, 내면의 성장은 오히려 한계를 뛰어넘게 한다.

아트설교연구원의 대표 김도인 목사는 50이 넘는 나이에 공부를 시작했다. 50이면 공부를 놓을 나이다. 육체적으로는 그럴지 모른다. 그러나 내면의 성장에는 한계선이 없다. 살리는 설교하기 위해서는 늘 성장해야 한다. 내면의 성장을 이뤄야 한다. 안 된다는 부정적인 생각보다 한계는 중요하지 않다는 마음을 가져야 한다.

설교자는 성장해야 한다

설교자는 내면이 성장하는 사람이다. 하나님은 설교자를 영혼을 살리는 사람으로 부르셨다. 설교자는 하나님의 말씀으로 영혼을 살려야 한다. 영혼을 살리기 위해서는 제일 먼저 자신이 성장해야 한다.

《비행기의 모든 것》이라는 책에 보면 이런 질문이 나온다. 비행기는 산소 공급이 필요한 비상 상황이 되면 산소마스크가 내려온다. 이 산소마스크를 가장 먼저 써야 하는 사람은 누구일까? 정답은 '자신부터'다. 어린이를 보호하겠다며 먼저 산소마스크를 씌워주려다가 자신이 정신을 잃을 수도 있기 때문이다. 산소마스크를 써야 하는 상황이 오면 노약자, 어린아이가 아니라 자신이 먼저 마스크를 써야 한다. 그래야 상대방도 살릴 수 있다. 설교자가 영혼을 살리고 싶다면 설교자가 먼저 살아야 한다. 그래야 다른 영혼도 살린다.

설교자에게 육체의 성장을 바라지 않는다. 운동을 얼마나 잘하는지, 키가 얼마나 큰지는 크게 중요하지 않다. 설교자는 내면이 성장해야 한다. 청중은 설교자의 내면 성장을 간절히 바란다.

내면의 성장에는 크게 두 가지가 있다. 먼저 정서적인 성장이다. 정서적으로 성장하지 못하면 육체는 성인이 되었지만, 정신적으로 유아나 아동 상태에 머무른다. 이것을 '성인아이'라고 말한다. 김용태는 《남자의 후반전》에서 "내면이 어릴수록 파워에 집착한다."라고 말한다. 정서적으로 성장하지 못하면 성숙보다는 성공에 매달리게 된다. 권력을 잡게 되면 자신이 원하는 대로 하려는 경향이 크다.

설교자는 권력을 잡고 힘을 과시하는 사람이 아니다. 예수님이 그러했던 것처럼 영혼을 살리고 섬기는 존재다. 설교자는 내면이 성장해야 한다. 내면이 잘 성장하지 못하면 영혼을 살리는 것이 아니라 영혼에게 상처를 줄 수 있다. 정서적 성장을 위해 설교자는 하나님 앞에 끊임없이 겸손의 훈련을 해야 한다. 성공이 아니라 성장을 위해 노력해야 한다. 자신이 왜 성장해야 하는지 잊지 않고 겸손한 자세로 나갈 때 정서적인 성장에 도달할 수 있다.

정서적인 성장 못지않게 지적인 성장도 중요하다. 설교자는 공부하는 사람이다. 설교자의 공부는 청중의 공부와 같아서는 안 된다. 절실하게 공부해야 한다.

니체가 독일 문학의 정수라며 칭찬한 《괴테와의 대화》를 쓴 요한 페터 에케만은 절실하게 공부하는 것이 무엇인지 보여준다. 그는 스무 살이 넘은 나이에 초등학교에 입학해 공부했고, 저녁에는 일을 했다. 그 결과 《괴테와의 대화》라는 명작이 탄생했다. 그에게 나이는 중요하지 않았다. 환경도 중요하지 않았다. 성장을 위해 모든 한계를 넘어섰다. 설교자도 절실하게 공부해야 한다. 나이가 많다고 망설이지 않기를 바란다. 머리가 좋지 않다고 좌절하지 않기를 바란다.

미국 성공회 성직자이자 작가였던 필립스 브룩스는 "능력에 맞는 일을 구하지 말고 사명에 맞는 능력을 구하라."라고 말한다. 절실한 마음이 있다면 하나님이 분명 능력을 주실 것이다. 성장하는 설교자에게는 한계가 없다. 그러나 성장을 멈춘 설교자는 한 게 없는 인생이 된다.

성장은 움직일 때 일어난다

절실한 마음은 절실한 행동으로 완성된다. 김종원은 《인문학적 성장을 위한 8개의 질문》에서 절실한 마음은 있지만 행동은 없는 사람을 이렇게 표현한다. "가끔 내게도 글을 배우고 싶다거나, 책을 내고 싶다며 절실한 마음을 쪽지나 이메일로 전하는 사람이 있다.

하지만 늘 아쉬운 마음이 가득하다. 나는 글을 쓰기 위해 지난 20년 이상의 기간을 투자했고 수많은 사람을 찾아다니며 글의 경력을 쌓았는데, 그들은 자신의 시간을 투자하지 않고, 나를 만나러 오는 어떤 시도나 의욕도 보여주지 않기 때문이다."

성장하기 싫은 설교자는 없다. 모든 설교자는 성장을 꿈꾼다. 그러나 행동하지 않으면 성장은 절대 찾아오지 않는다. 설교자가 성장하기 위해 가장 먼저 해야 할 것은 익숙함을 깨는 것이다. 익숙함은 가장 편한 것이다. 편한 것이 좋은 것은 아니다. 가장 낡은 운동화가 가장 편하다. 버려야 되지만 편해서 버리지 못한다. 편한 것만 찾으면 새로운 것을 배울 수 없다.

무라카미 하루키는 달리기로 글쓰기의 성장을 경험했다. 달리기로 성장을 경험하고 싶은 사람은 숨이 목 끝까지 차오르는 고통을 느껴야 한다. 숨이 차오르는 고통을 느끼기 싫다고 포기하는 설교자는 숨이 막히는 고통을 경험하게 될 것이다. 숨이 차오르는 성장을 하던가 숨이 막히는 인생을 살던가 이제 결정해야 할 때다.

필자도 미래에 대한 막연한 불안함으로 잠 못 이루는 밤이 많았다. 그러나 매일 성장을 경험하며 불안함이 기대로 바꾸었다. 괴테는 "만약 내가 젊었을 때부터 나 자신의 욕구를 그토록 강력하게 잠재우지 않았더라면, 그리고 내 분별력을 갈고닦아 넓고 보편적인 것으로 만들어 가려고 노력하지 않았다면, 나는 매우 옹졸하며 꼴

불견인 인간이 되었을 것이다."라고 말한다.

성장하기 위해서는 자신의 욕구를 잠재워야 한다. 분별력을 갈고닦아야 한다. 익숙함의 욕구를 이기고 공부의 자리로 나가야 한다. 하나님의 말씀을 올바르게 분별하는 능력을 갈고닦아 청중을 살리는 설교자가 되어야 한다.

성장으로 새로운 인생을 꿈꾸라

가끔 친구를 만날 때 이런 말을 한다. "하나도 안 변했구나." 나이가 들수록 반갑게 들리는 말이다. 외모가 변하지 않았다는 말이다. 외모가 늙지 않았다는 말은 기쁘다. 그러나 설교자는 하나도 변하지 않았다는 말을 들어서는 안 된다. 설교자는 시대에 맞게 늘 성장해야 한다. 육체는 성장을 멈추었을지라도 내면은 늘 성장하는 삶을 살아야 한다.

《트렌드 코리아 2020》에서 2020년 트렌드로 뽑은 표현 중 '업글 인간'이라는 말이 있다. 성장을 꿈꾸며 열정적으로 사는 사람들을 지칭하는 말이다. 벌써 4년이나 지났다. 2024년 우리는 성장하고 있는가? 아니면 4년 전 모습에서 전혀 발전이 없는가? 4년이 지난 지금도 성장은 중요한 키워드다. 《트렌드 코리아 2024》는 최근 직장인들 사이에서 유행하는 '사이드 프로젝트'를 말한다. 주어진 시간을 회사에 전부 투자하는 것이 아니라, 스스로의 성장을 위해 시간을 사용하는 것이다. 직장인도 새로운 인생을 위해 성장에 투자하고 있다.

설교자도 성장으로 새로운 인생을 꿈꿔야 한다. 하나님은 당신을 설교자로 부르셨다. 부족한 존재인 내가 설교자로 부름을 받은 사실이 벌써 상식을 무너뜨린 일이다. 하나님은 늘 뻔한 것을 깨뜨리신다. 설교자도 뻔한 것을 깨뜨려야 한다. 이것이 성장이다. 어제보다 발전한 오늘을 만드는 것이 성장이다. 하나님은 내가 성장하기를 바라신다. 그리고 성장할 수 있는 능력도 주셨다.

날마다 성장하는 자신을 상상해 보라. 날마다 성장하는 설교로 영혼을 살리는 장면이 생생히 떠오른다. 오늘의 나보다 더 성장할 내일의 나는 오늘보다 더 나은 내일을 살게 될 것이다. 우리는 내일의 나에게 숙제를 주기 일쑤다. 오늘 하다 남은 일을 미루고 고민을 미룬다. 이제는 이런 고통을 내일의 나에게 미루지 말고 성장을 선물하자. 내일의 나는 오늘보다 분명 더 성장할 것이다. 살리는 설교로 많은 영혼을 살릴 수 있게 될 것이다. 성장을 통해 새로운 목회를 꿈꾸기를 바란다.

김현수 목사

행복한나무교회 담임이다.
저서로는 《메마른 가지에 꽃이 피듯》, 《설교트렌드 2025》 등이 있다.

Chapter 3

설교자의 삶이 살아야 설교가 산다

살리는 설교

1

일등이 아니라
일류가 돼라

설교자는 최고가 돼야 한다

박완서 작가의 《그대 아직도 꿈꾸고 있는가》에는 남자아이를 목말 태우고 걸어가는 아빠의 모습을 이렇게 묘사한다. "아이의 몸무게 때문에 티셔츠 자락이 뒤로 밀리면서 앞은 들리고 바지는 흘러내려 남자의 배가 럭비공 모양으로 드러났다." 딱 놀림감 되기 좋은 모습으로 걸어가는 아버지에게 아들은 이렇게 말한다. "우리 아빠 최고" 아빠는 '최고'라는 말에 자기 배꼽이 드러나는 것도 개의치 않고 신나게 걸어간다. 작가는 그 모습을 이렇게 표현했다. “평범한 남자의 평범한 아빠 노릇에 몸이 깊이 떨리는 듯 한 감동을 맛보았다.”

부모가 자식에게 듣고 싶은 최고의 말이 무엇일까? 아마도 “우리 아빠 최고, 우리 엄마 최고”라는 말일 것이다. 최고라는 말을 듣는 순간 힘든 것이 다 사라지는 느낌을 받는다. 얼마 전 가족과 함께 캠프장에 갔다. 캠핑에 대한 환상이 있었지만, 일단 캠핑은 고생이다. 텐트를 치고 불을 피우고 여간 어려운 일이 아니다. 그래도 저녁 식사를 무사히 마치고 자녀의 “아빠 최고”라는 말 한마디에 모든 피로가 사라졌다. 자녀에게 듣는 최고라는 표현은 이런 힘이 있다.

설교자가 듣고 싶은 말도 ‘최고’라는 말이다. “우리 목사님 설교가 최고입니다.” 이 말 한마디에 설교자는 새 힘이 솟아난다. 설교를 준비하면서 받은 스트레스가 우리 목사님 최고라는 한 마디에 눈 녹듯 사라지는 경험이 있을 것이다. 부모가 자녀에게 최고가 되고 싶듯이 설교자도 청중에게 최고가 돼야 한다.

‘최고’가 되는 방법에는 두 가지가 있다. 일등이 되는 것과 일류가 되는 것이다. 일등과 일류는 얼핏 비슷한 말 같이 들린다. 그러나 일등과 일류는 아주 큰 차이가 있다. 카피라이터 정철의 책《사람사전》에서 일등과 일류를 이렇게 정의했다.

일등: 남을 이김. 일류는 아닐 수도 있음.

일류: 나를 이김. 일등이 아니어도 좋은.

일등이 되기 위해서는 남을 이겨야 한다. 일등은 필연적으로 경쟁을 겪어야 한다. 세상은 항상 경쟁한다. 경쟁이 아닌 것에서도 승자와 패자를 정한다. 외모로 승자와 패자를 정하고 부모의 재산으로도 승자와 패자를 정한다. 설교자도 예외는 아니다. 교회의 규모와 크기로 승자와 패자를 정하고 설교로 승자와 패자를 정하기도 한다.

이런 경쟁에서는 승자보다 패자가 더 많을 수밖에 없다. 경쟁에서 승자는 1명이고 나머지는 다 패자가 된다. 경쟁은 끊임없이 비교의 대상이 되는 것이다. 누군가를 이겨야 일등이 될 수 있기 때문이다. 이기지 못하면 절대 일등이 될 수 없다.

하나님은 설교자를 일등으로 만들기 위해 부르지 않으셨다. 설교자에게 일등은 중요하지 않다. 영혼을 살리는 것이 중요하다. 영혼을 살리는 설교를 하기 위해서는 일등이 아니라 나를 이기는 일류가 돼야 한다. 설교자는 설교의 최고가 되어 일류 설교자가 돼야 한다.

넘버원이 아니라 온리원이 되라

체코 영화 감독인 밀로쉬 포만이 연출한 유명한 영화가 있다. 모차르트와 오스트리아 궁정 작곡가였던 이탈리아 태생의 안토니오 살리에리 간의 경쟁을 담은 <아마데우스>다. 영화는 늙은 살리에리가 과거를 회상하며 자기가 모차르트를 죽였다고 고백하는 장면으로 시작된다.

궁정 작곡가라는 명예와 직위를 가지고 있던 살리에리가 살인을 저지른 이유가 무엇일까? 영화는 시간을 과거로 거슬러 올라간다. 세상에 전혀 알려지지 않은 무명의 모차르트를 살리에리가 죽인 이유는 경쟁 때문이었다. 일등이 되고 싶은 살리에리의 욕망이 살인이라는 비극적인 결말로 나타났다. 모차르트를 죽이지 않으면 결코 일등이 될 수 없기에 살리에리는 살인을 선택했다.

설교자는 다른 사람과 경쟁하는 사람이 아니다. 나와 경쟁하는 사람이다. 경쟁을 하면 승자와 패자로 갈린다. 설교자는 승자와 패자를 만드는 사람이 아니다. 설교자는 성장하는 사람이다. 남을 이기는 것은 경쟁이고 나를 이기는 것은 성장이다. 일등은 언제나 이등이 필요하다. 남과 비교하고 우열을 가려야 하기 때문이다. 그러나 일류는 이류가 필요 없다. 일류는 경쟁이 아니라 자신을 이기고 성장하는 사람이기 때문이다.

설교할 때마다 늘 부담이 되는 것이 있다. 다른 설교자와 비교당하는 것이다. 10년 전에는 다른 설교자의 설교를 접하기가 어려웠다. 교회를 직접 찾아가거나 설교 테이프를 찾아 들어야 했다. 그러나 이제는 너무 쉽게 유명 설교자의 설교를 접할 수 있다. 손가락 몇 번 움직이면 핸드폰에서 어떤 설교자의 설교도 들을 수 있다. 청중은 유명 설교자의 설교와 나의 설교를 쉽게 비교할 수 있게 되었다.

이런 비교가 설교자를 행복하게 만들겠는가? 불행하게 만들겠는가? 일등이 되기를 원하는 설교자는 불행해지고 일류가 되기를 지향하는 설교자는 좋은 자극이 된다. 그렇기에 설교자는 늘 성장하는 일류가 되어야 한다. 일등이 되는 가장 쉬운 방법은 혼자만 존재하는 것이다. 일등은 늘 넘버 원(number one)을 추구하기 때문이다. 자신만이 최고가 되어야 한다. 넘버원은 실력과 상관없다. 숫자가 중요하다.

우리나라 교육의 한계는 실력보다 숫자를 중요하게 생각하는 것이다. 우리나라에서 일등이 세계에서는 낮은 등수가 될 수 있다. 숫자보다 실력을 키워야 한다. 설교자도 넘버원이 되는 것이 별로 중요하지 않다. 살리는 설교를 하는 실력 있는 설교자가 되어야 한다.

일류는 온리원(only one)을 추구한다. 온리원은 수많은 설교자가 있고 많은 설교가 있어도 자신만의 독창적인 설교를 만들어 낸다. 설교자에게 설교는 최고의 콘텐츠다. 온리원은 자기만이 갖고 있는 독창적인 콘텐츠를 가진 사람이다. 그렇기에 일류는 남과 자신을 비교하지 않고 자신만의 길을 간다.

남의 것을 베끼고 비교해서는 결코 영혼을 살리는 설교를 할 수 없다. 넘버원이 되기 위해 노력하지 말고 영혼을 살리는 온리원이 되기 위해 노력해야 한다.

일류가 되는 3가지 방법

일류가 되기 위해서는 어떻게 해야 하는가? 사이토 다카시는 일류라고 평가되는 사람들을 오랜 시간 관찰하고 그들의 공통점을 발견했다. 그의 책 《일류의 조건》에서 일류가 되는 조건을 크게 3가지로 말한다. 첫째, 훔치기. 둘째, 요약하기. 셋째, 실행하기다.

훔치는 것은 보고 따라하는 것을 말한다. 실력이 가장 빨리 느는 비결은 옆에서 보고 배우는 것이다. 일본 도쿄 긴자에 140년 된 일류 초밥집이 있다. 일류 초밥집이라고 평가받는 '긴자 스시코 혼텐'이다. 많은 젊은이가 초밥의 일류가 되기 위해서 몰려온다. 30명가량이 합숙하며 초밥을 배운다. 초밥을 쥐는 법을 배우기 위해서 7년의 시간이 필요하다. 1년은 청소만 한다. 2년은 채소만 손질한다. 3년이 되어서야 생선을 다듬는 일을 시작한다. 이렇게 하는 이유는 눈으로 먼저 배우기 위해서다. 그렇게 7년이 흐르면 웬만한 전문가 못지않은 실력이 생긴다. 옆에서 보고 배우는 것이 가장 큰 비결이다.

훌륭한 스승 밑에는 훌륭한 제자가 있다. 그런데 설교는 그렇게 배울 수가 없다. 설교를 배우는 것은 쉽지 않다. 배우고 싶어도 배울 수가 없다. 그럴 때 가장 좋은 방법은 독서다. 독서는 상대방의 기술을 배우는 가장 좋은 방법이다. 독서는 저자의 생각과 가치관은 물론이고 경험까지 얻을 수 있다. 일류가 되고 싶다면 먼저 많은 독서를 해야 한다.

둘째, 요약하는 힘은 핵심이 무엇인지를 파악하는 것이다. 요약의 기본은 핵심을 남기고 주변 요소를 과감히 버리는 것이다. 일류가 되기 위해서는 핵심을 파악하도록 훈련해야 한다. 설교를 잘한다고 평가받는 설교자의 설교는 대부분 '원 포인트'다. '원 포인트'는 핵심 주제를 하나로 한정한다. 많은 설교자가 자신의 설교를 한 줄로 요약하지 못한다. 요약하는 힘이 부족하기 때문이다. 일류가 되기 위해서는 과감하게 '원 포인트' 설교에 도전해야 한다.

셋째, 일류가 되기 위해 마지막으로 필요한 것은 실행하는 힘이다. 모든 것을 알아도 실행하지 않으면 의미 없다. 이 마지막 단계가 가장 중요하다. 이미 우리는 정답을 알고 있다. 이제 실행하면 된다.

헤르만 헤세의 《데미안》에 나오는 유명한 문구가 있다. "새는 알에서 나오려고 투쟁한다. 알은 세계이다. 태어나려는 자는 하나의 세계를 깨뜨려야 한다." 일류가 되는 것은 알에서 나오는 것이다. 알에서 나오면 새로운 세상이 펼쳐진다. 알에서 나오지 못하면 새로운 세상은 없다. 알을 깨기 위해 투쟁하듯 성장하기 위해 노력하는 설교자가 되어야 한다.

일등이 되기 위해 평생 경쟁하며 살아가겠는가? 아니면 매일 성장하며 일류가 되겠는가? 어제의 나보다 성장하는 설교자가 일류다. 일등이라는 숫자에 연연하는 설교자가 아니라 영혼을 살리는 일류 설교자가 되어야 한다.

김현수 목사

행복한나무교회 담임이다.
저서로는 《메마른 가지에 꽃이 피듯》, 《설교트렌드 2025》 등이 있다.

2

職(직)이 아니라 業(업)으로 살라

職(직)과 業(업)은 다르다

직업(職業)이란 직(職)과 업(業)이 합쳐진 말이다. 사전에는 직업을 "개인이 사회에서 생활을 영위하고 수입을 얻을 목적으로 한 가지 일에 종사하는 지속적인 사회 활동"이라고 정의한다. 이것은 직(職)에 대한 정의에 가깝다.

직과 업은 다르다. 유영만과 고두현의 《곡선으로 승부하라》에서는 이렇게 말한다. "세상에는 두 종류의 사람이 있습니다. 하나는 자리에 목숨 거는 사람, 즉 '직'의 사람이고, 다른 하나는 의미에 목숨 거는 사람, 즉 '업'의 사람입니다." 김정태도 《스토리가 스펙을 이긴다》에서 "직은 내가 아닌 누군가로 대처가 가능하지만 업은 평생을 두고 매진해야 하는 것으로 나의 존재와 삶과 뗄 수 없다."라고 한다.

직은 사회적 타이틀(title)이다. 한마디로 밥벌이를 위한 생계수단이다. 어렵고 힘든 시기에는 먹고 살기 위해서 직을 선택할 수밖에 없었다. 지금도 생계를 위해 직을 선택하는 사람이 많다. 생계형 회사원, 생계형 공무원, 생계형 교수, 생계형 자영업자 등등... 젊은 세대들은 더 나아가 먹고 살기 위해서가 아니라 더 잘 먹고 더 잘 살기 위해 직을 선택한다. 청소년들이 여전히 사(師)자 달린 직을 선호하는 이유도 여기에 있다.

"직업에는 귀천이 없다."는 격언이 있다. 이 격언은 이렇게 바뀌어야 한다. "업에는 귀천이 없다." 직에는 귀천이 있다. 직에는 계급이 있다. 군대에서 계급장은 직의 개념을 선명하게 해준다. 계급장은 곧 직이다. 계급장은 상명하복의 뜻을 가지고 있다. 계급장은 절대복종이라는 무언의 압력이다. 계급장은 무조건 충성하라는 억압이다. 직으로 질서를 유지하는 곳이 군대다. 사회도 마찬가지다. 군대처럼 계급장을 달고 있지는 않지만 보이지 않는 계급장을 달고 살아간다. 금융기관에 대출 받을 때도 직에 따라 대출금액 차이가 난다. 직에는 계급이 없는 것 같으나 계급이 존재한다.

업(業)은 계급이 존재하지 않는 천직(Vocation)이다. 기독교적인 용어로는 소명(Calling)이라 할 수 있다. 직은 생계수단이 목적이라면 업은 존재가치가 목적이다. 직은 어쩔 수 없는 현실적인 선택이라면 업은 자발적인 선택이다. 직은 자리를 중요하게 여기지만 업은 의미를 중요하게 여긴다. 직은 직선구조라면 업은 곡선구조다.

최송목 작가는 브런치스토리에서 '직이 단거리 달리기라면 업은 장거리 마라톤이다'라고 하며 이렇게 말한다. "100m 단거리 직의 경주에는 1등이 중요하고 단기 승부이지만, 42.195km 장거리 마라톤인 업에서는 완주가 중요할 뿐 경쟁도 승부도 없다."

직으로만 살아간다면 계급 구조가 뚜렷한 군대는 죽을 맛이다. 군대는 직선 구조다. 한쪽 면으로만 보면 군대는 곡선이 전혀 없는 곳이다. 하지만 가슴을 뭉클하게 하는 전우애는 곡선이다. 전우애는 업이다. 1998년 스티븐 스필버그 감독의 명작 영화 〈라이언 일병 구하기〉는 참혹한 전쟁터에서 죽이고 죽는 순간이지만 개인의 희생과 공동체의 중요성을 강조한다.

톰 행크스와 그의 대원들은 이해하기 어렵지만 목숨 걸고 라이언 일병을 구하러 간다. 군복 입고 전쟁터로 가는 군인은 직이다. 라이언 일병을 구하러 떠나는 전우애는 감동을 전해주는 업이다. 군인이라는 직은 입대만 하면 가질 수 있지만 전우애는 누구나 가질 수 없는 업이다.

이병철 삼성 선대 회장은 "기업은 곧 사람이며, 업을 기획하는 것이 기업이다"라고 한다. 그는 업의 중요성을 알고 있었던 사람이다. 사람은 직으로만 살 수 없다. 직으로만 살면 번 아웃 된다. 종국에는 허무감이 든다. 직이 아니라 업으로 살아야 한다. 업으로 사는 사람은 흔들리지 않는다. 비교하지 않는다. 설교자도 마찬가지다. 설교자는 직이 아니라 업으로 살아야 한다.

설교자가 업으로 살 때 청중을 살린다

대한예수교장로회(통합)는 목사직을 13개로 구분한다. '위임목사 담임목사 부목사 전도목사 기관목사 선교목사 교육목사 원로목사 공로목사 무임목사 은퇴목사 유학목사 군종목사'다. 목사의 직무는 이렇게 정의한다. '목사는 하나님의 말씀으로 교훈하며, 성례를 거행하고, 교인을 축복하며, 장로와 협력하여 치리권을 행사한다.'

목사의 직중 하나가 설교자다. 설교자는 직이 아니라 업이어야 한다. 설교자가 직으로만 살면 청중을 죽인다. 청중을 섬기는 자가 아니라 군림하려고 하기 때문이다. 설교자를 직으로 알면 목사직을 계급이라고 생각한다.

김성호의 《보이게 일하라》에 이런 내용이 나온다. "낡은 조직에는 한 가지 공통점이 있다. 리더들이 역할과 책임은 외면하고 권한만 행사한다. 혁신이나 성과 개선에는 관심 없고 감독, 승인이라는 명목으로 군림만 한다." 설교자는 낡은 조직이지 않아야 한다. 낡은 조직이면 군림하려고만 한다.

사회는 교회를 낡은 조직으로 치부하며 지탄한다. 교회는 변화되지 않은 낡은 조직에서 탈피해야 한다. 설교자도 직으로 감당하면 안 된다. 설교자를 직으로 여기면 청중위에 군림한다. 청중 위에 군림하면 자신도 죽고 청중도 죽는다.

서기관들과 바리새인들은 직을 강조한 사람들이다. 이들에게 예수님께서 화를 외치셨다. "화 있을진저 외식하는 서기관들과 바리새인들이여 너희는 천국 문을 사람들 앞에서 닫고 너희도 들어가지 않고 들어가려 하는 자도 들어가지 못하게 하는 도다(마23:13)." 예수님께서 이들을 삯군으로 여겼다.

설교자가 직으로만 산다면 삯꾼이다. "삯꾼은 목자가 아니요 양도 제 양이 아니라 이리가 오는 것을 보면 양을 버리고 달아나나니 이리가 양을 물어 가고 또 헤치느니라. 달아나는 것은 그가 삯꾼인 까닭에 양을 돌보지 아니함이니(요10:12~13)." 삯꾼은 양을 위해 사는 사람이 아니라 삯을 위해 사는 사람이다. 설교자가 삯꾼이면 양들을 돌 볼 수가 없다. 양들은 이리에게 물려 죽는다.

설교자는 직이 아니라 업으로 살아야 한다. 설교자가 업으로 살 때 본인도 살고 청중도 살린다. 설교자의 업은 말씀으로 교훈하는 일이다. "목사는 하나님의 말씀으로 교훈하며, 성례를 거행하고, 교인을 축복하며, 장로와 협력하여 치리권을 행사한다."라는 직무처럼 말씀 연구에 기본적으로 충실해야 한다. 설교자가 업으로 사는 것은 청중에게 예를 갖추며 사는 일이다. 이런 설교자가 청중을 축복할 수 있다. 목회를 장로와 협력하며 한다.

설교자가 업으로 살기 위해서는 마음이 늘 하나님과 청중에게로 향해 있어야 한다. 마음이 하나님께 향할 때 하나님께서 주신 소명(Calling)을 되새길 수 있다. 하나님의 마음을 가질 수 있다. 마음이 청중에게 향할 때 청중의 삶을 알 수 있다. 청중에게 필요한 생명의 양식을 줄 수 있다. "네 양 떼의 형편을 부지런히 살피며 네 소 떼에게 마음을 두라.(잠27:23)" 설교자는 직이 아니라 업으로 살아야 한다. 설교자가 직으로 살면 자신도 죽고 청중도 죽인다. 하지만 업으로 살면 자신도 살고 청중도 살린다.

업(業)을 up 해야 설교자와 청중이 산다

설교자는 業(업)을 up 시켜야 한다. 지금은 다양한 일을 폭넓게 하는 사람들이 늘어나고 있다. 직업을 여러 개 갖고 다양한 일을 하는 사람을 'N잡러'라고 한다. N잡러는 N과 JOB과-ER의 결합으로 이루어진 신조어다.

N잡러가 등장한 이유는 크게 두 가지다. 첫째, 월급만으로 살아가기가 힘든 세상이기 때문이다. 물가는 껑충껑충 오르는데 월급은 쥐꼬리만큼 오르기 때문이다. 둘째, 자신의 업을 up 시키려는 사람들이 많아졌기 때문이다. 온라인 플랫폼이 증가하고 프리랜서 재택근무가 확산하는 시대다. 다양한 업(業)을 통해 삶을 up 할 수 있는 환경이 만들어졌다. 많은 직장인들이 퇴근 후 자기의 능력이나 기술을 다방면에 활용한다. 수입 창출과 함께 자신을 마음껏 업그레이드 한다.

설교자도 업을 up 시켜야 한다. 제자리에 머물러 있으면 안 된다. 설교자가 업을 up 시키지 않으면 안주한다. 관성에 젖는다. 청중에게 외면 받는다. 청중의 영혼이 힘을 잃는다. 설교자에게 업은 성경연구다. 매일 말씀을 깊이 있게 묵상하는 것이다. 살리는 설교를 하는 것이다. 설교자는 업을 매일 up 시켜야 한다. 눈에 띄게 up 시켜야 한다. 그래야 설교자도 살고 청중도 살린다.

예수님은 자신의 업에 대한 철학이 분명했다. "내가 온 것은 양으로 생명을 얻게 하고 더 풍성히 얻게 하려는 것이라.(요 10:10)" "내가 온 것은 세상을 심판하려 함이 아니요 세상을 구원하려 함이로라.(요 12:47)" 예수님은 업(業)을 up 시키기 위해 설교하셨다. '천국'이라는 주제를 가지고 설교할 때마다 다른 개념으로 설교하셨다. 기도하는 시간을 가지셨다. 고아와 객과 나그네 된 자들을 보살

피셨다. 불의한 자를 책망하셨다.

자신의 업을 up 시키는 사람은 주변 사람들의 시선에 신경 쓰지 않는다. 자기 삶에 집중한다. 설교자는 자기의 업을 매일 up 시키면 스펙이 아니 스토리를 만든다. 김정태는 《스토리가 스펙을 이긴다》에서 이렇게 말한다. "스펙은 다른 사람과 비교하지만, 스토리는 나를 점검한다. 스펙은 이력을 관리하지만, 스토리는 역량을 관리한다. 스펙은 상대를 배제하지만, 스토리는 상대를 포섭한다. 스펙은 실패를 감추고 싶어도 스토리는 실패를 자랑하는 경험이다." 설교자는 업을 up 시키기 위해 자신의 스토리를 만드는 PD가 돼야 한다.

고명환의 《고전이 답했다》에 이런 내용이 나온다. 고명환은 개그맨 시절 노래를 잘 부르고 싶어 개그맨이자 뮤지컬 배우인 정성화에게 노래하는 법을 배우려 했다. 그러자 돌아온 말이 있다. "형, 노래 부르는 방법은 내가 30분이면 알려 줄 수 있어. 그런데 그걸 형 몸에서 제대로 운용하려면 10년은 꾸준히 연습해야 해. 그 점을 꼭 알고 있어야 해." 업을 up시키려면 오랜 시간이 필요하다.

설교자는 업을 up 시키기 위해 말씀을 이용하는 자가 아니라 운용하는 자라야 한다. 이용은 필요에 따라 이롭게 쓰는 것을 말한다. 운용은 돈, 물건, 제도를 쓰임새에 맞게 활용하는 것을 말한다. 설교자가 말씀을 운용해야 한다. 운용하면 설교자가 살고 청중도 살릴 수 있다.

설교자는 직이 아니라 업으로 살아야 한다. 업을 up 시켜야 한다. 안타까운 것은 설교자 가운데 직에만 관심이 있고 업은 뒷전인 사람이 있다. 그렇게 직을 쫓아 가다보면 어느 순간 업을 잃어버린다. 하지만 업으로 살면 직은 저절로 따라온다. 자신도 살고 청중도 살릴 수 있다.

설교자에게 APP(앱)이 편리하다. 앱 사용을 잘 하면 설교 한 편 쉽게 만든다. 설교자에게 챗GPT는 더 편리하다. 챗GPT를 활용할 줄 알면 양질의 설교를 할 수 있다. 이런 것들은 설교자의 업을 up 시키지 못했다는 반증이다. 설교자는 앱과 챗GPT를 의지하기보다는 하나님을 더 의지해야 한다. 직으로 살지 않고 업으로 살아야 한다. 업으로 살되 업을 up시켜야 한다. 설교자가 날마다 기도로 하나님을 의지하고 매일 말씀으로 자신을 up시키면 설교자가 살아난다. 청중이 설교를 듣고 살아난다.

석근대 목사

대구동서교회 위임목사이자,
저서로는 《삶을 쓰는 글쓰기》, 《일상에서 신앙 찾아가기》 등이 있다.

3

호모 헌드레드 시대를 준비하라

미래를 준비하라

미래는 준비된 자에게는 선물이다. 반대로 준비하지 않는 자에게는 재앙이다. 미래를 바라보는 사람은 두 가지 유형이 있다. 첫째, 미래에 대해 두려움을 느끼는 사람이다. 둘째, 미래를 기대하는 사람이다. 미래를 기대하는 사람과 두려움을 느끼는 사람의 차이는 미래에 대한 준비의 차이에서 비롯된다. 미래를 준비한 사람에게 미래는 두려움이 아니라 선물이다.

호모헌드레드(Homo-hundred)라는 말이 있다. 2009년 UN이 작성한 '세계인구고령화' 보고서에 처음 등장한 단어다. '사람, 인류'를 뜻하는 라틴어 '호모(homo)'와 숫자 '100'을 뜻하는 영어 '헌드레드(hundred)'를 결합하여 만든 합성어다. 이 단어는 대부분의 사람들이 100세 장수의 삶을 누릴 가능성이 높아졌다는 뜻을 담고 있다. 보고서는 평균수명이 80세를 넘는 국가가 2000년에는 6개국뿐이었지만 2020년엔 31개국으로 급증할 것으로 예상하며 이를 '호모헌드레드 시대'로 정의한다.

박수지는 《100세 시대 인생을 즐기며 사는 법》에서 100세 시대를 반드시 준비해야 한다고 말한다. 그녀는 "인생 후반전을 즐길 준비를 하라"며 은퇴 설계는 반드시 필요하다고 한다. 은퇴 후를 꿈만 꾸다가는 제자리도 지키지도 못한다고 경고도 한다.

인생 후반기를 살아야 하는 설교자도 호모헌드레드 시대를 준비해야 한다. 설교자는 현실만 보는 것이 아니라 미래를 준비하는 삶이어야 한다. 청중이 호모헌드레드 시대를 준비하며 살기 위해 설교자는 청중을 살리는 설교로 청중의 미래를 준비할 수 있게 해주어야 한다.

60대인 박수지 작가는 과거 자신의 어려웠던 환경을 생각하며 인생의 제2막을 향해 노력한다. 그녀는 사원들에게 "미래가 있는 1인 창업을 준비하라"고 말한다. 설교자도 미래 준비가 완벽해야 한다. 살리는 설교자로서의 미래 준비가 철저해야 한다. 사람들이 호모헌드레드 시대를 준비하듯이 설교자는 살리는 설교를 100세까지 할 수 있도록 준비해야 한다. 사람들이 은퇴 후 후반전 30년을 준비하듯이, 살리는 설교를 30년 할 수 있도록 준비해야 한다.

사람에게 미래는 동등하다. 시간이 모두에게 동일하게 주어지기 때문이다. 나에게만 특별한 시간이 주어지지 않는다. 미래를 준비하려면 마음 준비부터 해야 한다. 내가 어떻게 하느냐에 따라 기대와는 전혀 다른 세상을 맞이한다.

호모헌드레드 시대에 미래 준비를 하려면 세 가지를 알아야 한다. 첫째, 세상을 정확히 알아야 한다. 세상을 알기 위해 지식보다는 지혜가 우선이 돼야 한다. 아무리 많은 지식을 가져도 세상은 그 지식의 유효성이 짧다. 짧은 시대일지라도 시대마다 이론과 실제가 다르기 때문이다. 지금 필요한 지식이 나중에 필요한 이론이라는 보장은 없다. 60-70년 동안 생의 삶을 살았던 시대와 100세 시대를 살아가는 우리에겐 적용이 다르다.

둘째, 육체의 건강을 준비해야 한다. 규칙적인 생활로 나약함이 아닌 강건함을 준비해야 한다. '구구팔팔'이라는 말이 있다. 99세까지 팔팔하게 살아야 한다는 말이다.

셋째, 사람들은 노후를 즐길 경제적인 여유를 준비해야 한다. 노후엔 병원 갈 일이 많아진다. 병원비도 많이 들어간다. 지금의 지출을 줄이고 노후를 위한 저축이 필수이다.

설교자도 호모헌드레드 시대를 준비해야 한다. 지금의 즐거움을 조금 줄이고 청중을 살리는 설교에 매진해야 한다. 살리는 설교를 하기 위한 자기개발과 발전을 위한 프로그램을 갖고 있어야 한다. 살리는 설교를 할 때 설교자에게 지속적으로 설교할 수 있는 기회가 주어진다. 미래를 준비하게 된다.

준비되지 않은 설교자에게 은퇴는 길 잃은 양이다. 살리는 설교를 하지 못하면 날개 잃은 독수리가 된다. 미래는 없다. 설교자는 살리는 설교를 할 수 있도록 영적, 육적, 지적 강건함을 준비해야 한다. 말씀과 기도의 친밀함이 일상화되어 살리는 설교자가 돼야 한다.

새 시대에 도전하라

2013년, 한국의 100세 이상의 노인은 1천2백 명을 넘어섰다. 전문가들은 2050년이 되면 100세 인구가 열 배 이상 늘어날 것으로 예측하고 있다. 이성민의 《100세 시대 다시 청춘》에서는 죽기 전까지 일해야 하는 시대를 말한다. 늙지 않는 몸과 마음을 유지하여야 함을 강조한다. 또 노년에 잘나가는 사람이 되기 위해 도전하는 습관을 가져야 한다고 말한다.

나이를 먹으면 살리는 설교하기 어려울 수 있다. 자기와의 싸움에서 이길 때 가능하다. 설교자로서 즐겁고 신나는 노후와 부딪쳐야 한다. 그리고 자기와의 싸움에서 이겨야 한다. 자기를 이기려면 행동으로 옮길 수 있어야 한다. 할까 말까, 갈까 말까 망설이면 안 된다. '내 나이가 얼마인데 할 수 있을까?' 불안해하는 것이 아니라 '내 나이가 어때서? 나이는 숫자에 불과해.'하면서 도전해야 한다. 설교자는 무엇보다 살리는 설교자가 되기 위해 더 많이 도전해야 한다. 기필코 자기와의 싸움에서 이겨야 한다. 살리는 설교는 말로만 하면 불가능하다. 이를 위해 도전할 때 쟁취할 수 있다.

나이가 들면 사람은 나약해진다. 세월이 마음을 약하게 만든다. 할 수 있는 것이 줄어들므로 약해진다. 정신적으로나 육체적으로 나약함을 느끼기에 도전보다는 포기가 빠르다. 호이킴 데 포사다의 《바보 빅터》에 나오는 내용이다. "누구나 일이 안 풀릴 때가 있다. 그때마다 사람들은 자신의 능력을 의심한다. 그리고 꿈을 포기하고 이런저런 이유를 만든다. 하지만 모두 변명일 뿐이다. 사람들이 포기하는 진짜 이유는 그것이 편하기 때문이다." 포기하면 편하다. 포기하는 것은 쉽다. 그냥 내려놓으면 된다. 포기가 쉽기 때문에 사람들은 도전하기보다 포기를 선택한다. 설교자는 편하기 위해 포기를 선택하는 것이 아니라 도전해야 한다.

지금이 설교자에게 주어진 최고의 황금기다. 호모 헌드레드시대를 살아가는 사람들에게 살리는 설교로 봉사할 수 있는 기회로 만들기 위해 준비해야 한다. 도전과 함께 희망을 품고 나가면 된다. 살리는 설교자가 되려면 자신을 위하여 적성에 맞는 것을 찾기보다는 지속 가능한 것을 찾아야 한다. 설교자에게 지속 가능한 것은 살리는 설교를 할 수 있는 능력이다.

100세 시대에 오래 살기 싫어하는 사람은 없다. 《100세 일기》를 쓴 김형석 교수는 이렇게 말한다. "90세의 모친에게 손주들이 핑크빛 재킷이나 예쁜 바지라도 사다주면 반갑게 받으면서 고맙다고 했다. 이것들은 간직해 두었다가 이 다음에 입으련다." 오래 살고 싶은 본능을 져버리지 못하는 것이 인생이다. 그런 인생에게 여전히 설교자로서 다가가게 하는 것이 설교다.

설교자는 호모 헌드레드시대, 100세가 되기 전에 100세 시대를 준비하여 100세 시대를 설교자로 살아야 한다. 살리는 설교자로 평가를 받으며 살아야 한다. 살리는 설교를 하면 100세 시대를 행복하게 살 수 있다.

설교자에게 은퇴 후는 새로운 시작이다. 노후 세대를 위한 준비이다. 살리는 설교로 하나님께 쓰임 받는 시작점이 된다. 그러면 새 시대는 설레임으로 다가온다. 호모 헌더레드시대를 위한 살리는 설교를 준비하면 청중들을 살리는 설교자가 된다.

한 가지에 집중하라

성경은 "하나님과 재물을 겸하여 섬길 수 없다(마6:24)."한다. 사람은 두 마리 토끼는 잡지 못한다. 설교자가 아무리 할 일이 많아도 하나에 집중해야 한다. 그 한 가지는 살리는 설교를 할 수 있는 공부다.

설교자에게 공부는 살리는 설교 뿐 아니라 다가올 미래를 위한 준비다. 그 준비는 미래의 등대가 되어준다. 바다에 떠 있는 등대는 배를 안전하게 운행하게 한다. 배가 암초에 부딪히지 않도록 위기에서 살려낸다. 공부는 살리는 설교를 통해 청중의 등대 역할을 한다.

설교자에게 성경은 아주 귀하다. 성경을 한 번도 안 읽어 본 사람은 많다. 그러나 성경을 한 번만 읽고 책꽂이에 꽂아 둔 사람은 없다. 귀한 성경 꽂아만 두지 말고 공부해 새롭게 만들어야 한다. 설교자는 청중을 살리는 설교를 위해 성경 공부에 집중해야 한다. 설교자는 공부를 하되 살리는 설교를 위한 공부를 해야 한다. 이 공부는 호모 헌드레드 시대에 삶의 나침반이 된다.

설교자가 신나게 몰입해야 할 것은 살리는 설교를 위한 공부다. 지금 주어진 시간을 살리는 설교를 위한 시간으로 활용해야 한다. 누구에게나 하루 24시간이라는 동일한 조건이 주어진다. 어떤 사람은 24시간을 48시간처럼 사용한다. 반대로 어떤 사람은 24시간을 12시간처럼 사용한다. 설교자는 호모헌드레드 시대를 준비하기 위해 24시간을 48시간처럼 사용해야 한다.

호모헌드레드 시대에 설교자는 자신의 전공분야를 살리는 설교에 두어야 한다. 지금의 시간을 호모헌드레드의 위기가 아니라 기대의 시간으로 만들어야 한다.

살 리 는 설 교

황상형 목사

대구동서연경교회 교육목사이다.
저서로는 《출근길 그 말씀》, 《설교트렌드 2025》 등이 있다.

4

포노 사피엔스에서
호모 아카데미쿠스로 방향을 바꿔라

생각이 중요하다

생각은 많은 것을 변화시키는 능력이 있다. 피터 드러커(Peter Drucker)는 "인류의 절대 다수인 99%의 사람은 사색하는 1%의 사람 밑에서 노동한다." 라고 말한다. 세계 최고 기업을 이끄는 CEO들이 가장 심각하게 고민하는 문제는 "어떻게 하면 더 많은 돈을 벌까?" 아니라 "어떻게 하면 사색하는 시간을 더 많이 확보할 수 있을까?"이다. 회사를 이끌 힘이 사색에서 나오기 때문이다. 사색 할 수 있다는 건,

달라진 삶을 살아간다는 말이다.

생각은 새로운 은유라는 개념을 생성한다. 인지과학자 질 포코니에와 마크 터너가 함께 쓴《우리는 어떻게 생각하는가》에 의하면, 은유는 우리 뇌가 부단히 그리고 활발하게 전개하는 개념적 혼성의 산물이라고 말한다. 우리 뇌가 서로 다른 지식과 경험을 끄집어내어 두 개 이상의 개념을 섞어 새로운 개념을 창출한다. 생각하는 자가 새로운 개념을 정의하고, 정리하고 세상을 이끌어 간다. 생각하지 않으면 서로 다른 개념을 모을 힘이 없어 누군가 정리해 놓은 것에 자신을 맡길 뿐이다.

생각이 변화시키는 능력이 있다면 설교자도 생각하는 사람이 돼야 한다. 설교자의 생각에 따라 청중과 연결이 결정되기 때문이다. 생각하면 청중과 하나로 연결된다. 생각하지 않으면 청중과 무관하다. 생각하면 더 넓은 세상을 바라볼 수 있다.

독일 나치의 아이히만은 생각하지 않고 자신에게 주어진 임무에 충실했다. 충실한 결과 유대인을 학살하는 괴물이 되었다. 사람이 생각하지 않으면 다른 사람과 무관한 삶을 살아간다. 특히 설교자에게 생각은 아주 중요하다. 설교자의 생각이 청중의 생명과 직결된다.

생각이 중요한 것은 생각 여부에 따라 인생이 달라진다. 김남호의《셔터는 정신이 누른다》라는 책에 이런 내용이 나온다. 무엇이 셔터를 누르는가? 손가락? 아니다. 셔터는 정신이 누른다. 왜 누르는가? 정신이 자신을 표현하기 위해서다. 그 결과물이 바로 사진이다. 생각하지 않는 사람은 즉흥적으로 손가락으로 누른다. 하지만 생각하는 사람은 손가락이 아닌 정신 즉 생각이 셔터를 누른다. 작은 사진 한 장에도 작가의 깊은 생각이 스며들어 있다. 어떤 상황에서 셔터를 눌러야 하는지 고민하면서 작품 한 장을 만든다.

손가락으로 물체를 누르는 것도 생각에 의해 되므로 설교자는 생각해야 한다. 설교자가 생각을 바뀌면 설교가 살아난다. 청중이 살아난다. 생각으로 만든 설교에 청중은 집중한다. 청중이 집중하면 한 가지 생각 아래 모든 것이 집결한다. 그 집결된 생각이 설교를 변화시킨다. 변화된 생각으로 준비한 설교가 청중을 살린다. 설교자는 생각해야 한다. 설교자가 생각하면 청중의 영혼을 회복시킨다.

설교자는 공부함으로 설교자에게 필요한 영양소를 공급받는다. 사람 몸에 5가지 영양소가 존재한다. 한 가지라도 부족하면 건강에 이상 신호가 감지된다. 이상 신호를 감지하고 필요한 영양소를 채워야 한다. 방치하면 큰 문제가 발생한다.

세상에 완벽한 설교자는 없다. 부족한 설교자로 넘친다. 설교자는 자신을 방치하지 말고 필요한 영양소를 공급받아야 한다. 설교자에게 필요한 영양소를 찾아내기 위해 생각하는 과정이 공부다.

설교자가 공부하면 주체가 되고, 생각하지 않으면 객체가 된다. 주체가 되기 위해 설교자는 생각하며 공부로 자신을 채워야 한다.

그래서 설교자의 생각이 중요하다.

스마트폰이 생각에 미치는 영향이 크다

스마트폰이 생각에 미치는 영향이 크다. 사람들이 스마트폰에 시간을 뺏기면서 생각 자체를 잊어버린다. 한동안 멍한 상태로 스마트폰을 마주한다. 설교자도 스마트폰에 많은 시간을 할애한다. 생각하기 위해서 보는 것보다 영상을 바라보다가 생각을 탈취당하는 경우가 비일비재하다.

스마트폰이 손에 잡히지 않으면 불안 증세로 중독에 이르기도 한다. 스마트폰이 사람의 뇌와 연결되었기 때문이다. 사람의 뇌에는 보상회로가 존재한다. 달콤한 음식이나 중독성 물질처럼 기분 좋게 하는 것에 쉽게 반응한다. 보상회로를 자극하면 쾌감을 느끼고, 도파민이 분출되면서 욕구가 강해진다. 실제로 실험실의 쥐에게 보상회로를 자극할 수 있는 전기 스위치를 달아주면 쥐는 먹지도 쉬지도 않고 온종일 이 스위치만 누른다. 김병규는 《호모 아딕투스》에서 그 이유를 뇌가 중독에 매우 취약하기 때문이라고 설명한다.

사람의 뇌도 마찬가지다. 생각하기 전에 보상회로가 자극하면 움직임이 둔해지고 사색하는 시간이 점차로 줄어든다. 보상회로를 위해 신체의 모든 기관이 한 곳에 집중된다. 다른 곳에 집중하면서 생각이 줄어든다. 자기 생각이 사라지고 누군가 전해주는 생각대로 움직인다.

스마트폰의 등장은 새로운 학명이 들이닥쳤음을 뜻한다. 전문가들은 '포노 사피엔스(Phono Sapiens)'라고 한다. 호모사피엔스라는 인간의 학명에 폰을 의미하는 '포노(Phono)'를 붙인 신조어다.

최재붕은 《AI 사피엔스》에서 스마트폰을 신체 일부처럼 사용하는 사람을 '포노 사피엔스'라고 부른다. 이제 인간의 몸이 '오장육부'가 아니라 '오장칠부'가 되었다. 인간의 몸이 새롭게 달라졌다는 의미다.

필자는 포노 사피엔스를 이렇게 생각한다. 스마트폰이 전해주는 생각을 여과없이 그대로 받아들이는 사람이다. 즉 생각이 스마트폰에 지배당한다는 말이다. 길을 걷다보면 스마트폰에 빠져서 사고를 당하는 일이 빈번하게 일어난다. 인도에서 차도로 들어가서 교통사고가 나고, 스마트폰에 집중하다가 전신주에 부딪치는 일도 발생한다. 설교자도 스마트폰에 지배당해 설교 준비할 시간을 빼앗긴다.

설교자도 생각 없이 쉬운 것만 찾아나서 포노 사피엔스가 되고 있다. 헤르만 헤세의 《데미안》에 이런 내용이 나온다. 싱클레어는 고독과 냉소 가운데 불량한 패거리와 어울린다. 불량 친구들의 생각대로 끌려 다닌다. 생각을 고치려고 해도 참담한 좌절을 맛본다. 이때 데미안으로부터 편지 한 통을 받는다. "새는 알을 뚫고 나오기 위해 싸운다. 알은 세계다. 태어나려는 자는 하나의 세계를 깨뜨려야 한다." 사람의 생각이 알에 갇혀 있다.

설교자도 마찬가지다. 알을 깨뜨릴 수 있는 것이 생각이다. 생각하지 않으면 알에서 벗어날 수 없다. 설교자가 점점 스마트폰으로 알을 만들고 그 안에 들어가려고 한다. 생각하지 않고 누군가 전해주는 보상회로에만 집착한다. 생각이라는 울타리가 사라지면 그 자리에 스마트폰이 만든 알 껍질이 두껍게 설교자를 둘러싼다.

설교자는 껍질을 깨야 한다. 깨지 않으면 알 그대로 남는다. 울타리를 깨고 나오면 새로운 세상을 맛본다. 껍질을 깨는 도구는 생각이다. 생각해야 새로운 세계를 동경하면서 새로운 삶에 맞는 공부를 할 수 있다. 새로운 삶을 앞서가는 설교자가 청중에게도 새로운 삶을 보여줄 수 있다. 설교자가 살아야 청중을 살린다.

호모 아카데미쿠스로 삶의 방향을 바꿔라

설교자는 포노 사피엔스에서 호모 아카데미쿠스로 살아야 한다. 그러기 위해 공부해야 한다. 공부는 우리의 생각을 발전시킨다. 유발 하라리는 《넥서스》에서 이런 말을 한다. 화학자 댄 셰흐트만이 알루미늄과 망간이 섞인 원자들의 구성을 새롭게 발견했다. 다른 전문가는 댄 셰흐트만의 주장을 보면서 경력도 없는 사람이 주장한 것은 가치가 없다고 평가 절하한다. 권위가 없다고 인신공격하며 무시했다. 댄 셰흐트만은 포기하지 않고 꾸준히 공부한다. 그 결과 10년 만에 과학 협회에서 인정받고, 2011년 노벨 화학상을 수상한다. 공부하면 인정받기까지 시간이 걸리지만 언젠가는 인정받는다.

공부가 세상을 이끌어 간다. '호모 아카데미쿠스(Homo Academicus)'라는 학명이 있다. 호모 아카데미쿠스는 공부하는 인간이다. 인류가 시작되는 수메르 문명 때부터 공부가 있었다. 인류 최초의 문자인 설형문자를 발명한 수메르인들은 점토판에 글자를 새겨 이를 여러 방면으로 활용했다. 그러다 보니 점토판에 글을 쓰는 필경사가 필요했고, 이를 양성하는 학교를 세웠다. 수메르 시대의 상위층 사람들은 자녀교육에 관심이 많았다. 교육받아야 필경사와 같은 좋은 직업을 가질 수 있었다. 옛 조상들은 공부가 중요하다는 것을 이미 알고 있었다.

공부는 생각을 많이 하는 대상을 만나는 일이다. 벤저민 하디는 《퓨처 셀프》에서 비즈니스 전략가 찰리 존스가 한 말을 인용한다. "훌륭한 사람을 만나지 않고 좋은 책을 읽지 않는다면, 당신은 5년 후에도 지금 그 모습 그대로일 것이다." 자신보다 뛰어난 사람과 책을 통해 공부하는 법을 배워야 한다. 공부하면 무엇이 옳은 것인지 구분할 수 있다. 사람에게 중요한 것은 무엇이 나를 생각하게 하고, 나를 성장시키는지 찾아야 한다. 찾아내면 새롭게 출발할 수 있다.

설교자도 꾸준히 공부해야 한다. 꾸준한 공부로 생각이 달라져야 한다. 생각이 달라지면 청중을 살리는 설교를 한다.

설교자가 생각하며 공부하면 두 사람을 살릴 수 있다. 바로 설교자 자신과 청중이다. 설교자가 한 손으로는 청중을 잡고, 다른 한 손으로는 자신을 잡고 공부해야 한다. 다른 것을 붙잡지 말아야 한다. 설교자가 잡은 손에서 생명이 전달되면서 자신도 회복되고 청중도 살린다.

설교자는 길을 만드는 사람이다. 프란츠 카프카는《우리가 길이라고 부르는 망설임》에서 이렇게 결론을 내린다. "목표는 있으나, 길은 없다. 우리가 길이라고 부르는 것은, 망설임이다." 설교자는 망설임에 머물지 말고 길을 만들어야 한다. 설교자가 망설이면 어떤 역사도 일어나지 않는다. 배움을 향해, 자신을 채울 수 있는 공간으로 나아가야 한다. 배움이나 노력으로 설교자가 살아나면 청중을 살린다. 설교자의 기회는 망설일 때 주어지는 것이 아니라 길을 만들 때 찾아오는 선물이다.

공부하면 남들과 다른 생각을 한다. 남들과 다르게 생각하면 큰 차이를 벌린다. 0.1% 차이는 엄청난 차이다. 특히, 치열한 승부의 세계에서 0.1%의 차이는 하늘과 땅 차이다. 0.1% 차이는 아주 긴 시간과 노력에 의해 만들어진다. 0.1%의 차이로 인해 축구 선수에게 연봉이 수십 배, 수백 배 격차가 벌어진다. 이영표 축구 해설 위원은 어렸을 때 코치 선생님이 팔굽혀펴기를 10회 시키면 11회를 했단다. 그 1회 차이가 나중에는 다른 동료와 구별되는 간격을 만들었다. 남들보다 더 공부하면 다른 생각을 해 분명한 차이를 만든다.

설교자는 설교로 청중을 살리기 위해 호모 아카데미쿠스로 살아야 한다. 청중이 행복할 때는 설교자가 포노 사피엔스가 아니라 호모 아카데미쿠스로 살아갈 때다. 설교자는 생각하며 공부하는 사람이다. 생각하며 깨달아 공부해야 한다.

한 시간 공부한 설교자가 청중의 하루를 살린다면, 한 시간이 아니라 매일 공부한다면 청중의 인생을 살리는 행복한 설교자가 될 수 있다. 설교자가 생각하며 공부하면 설교가 살고 청중을 살린다.

살리는 설교

허진곤 목사

무주 금평교회 담임목사이다.
저서로는 《설교트렌드 2025》, 《다음 역도 문학녘》등이 있다.

5

고독한 삶을 즐겨야 설교가 산다

고독과 외로움은 다르다

혼자서 하는 것들이 보편화 된 시대다. 혼밥, 혼술, 혼숙이라는 단어가 익숙하다. 그럼에도 여전히 많은 사람이 혼자 있는 것을 힘들어 한다. 혼자 식당에 가지 못한다. 영화도 못 본다. 스마트폰으로 쉬지 않고 영상 보고, 게임 하고, 읽고, 쓰며 소통하려고 한다. 왜 사람들은 무언가로 일상의 작은 공백까지 채우려는 것일까? 왜 혼자 있는 것을 싫어하고, 심지어 두려워하는 것일까? "우리가 타인과 관계를 맺는 이유는 타고난 사회성 때문이라기보다는 홀로 있는 것을 견디지 못해서다." 로랑스 드빌레르의 《철학의 쓸모》에 나오는 내용이다. 사람이 타인과 관계를 맺고 혼자 있는 것을 견디지 못하는 것은 외로움 때문이다.

고독과 외로움은 다르다. "'자신을 위한 삶'을 살고자 한다면 우리는 충분히 고독해져야 합니다. 외로움이 아니라 고독이 필요합니다. 외로움은 타인으로부터 차단당하는 데서 느껴지는 수동적인 감정이지만, 고독은 스스로에게 침잠하는 자발적이고 능동적인 '떠남' 입니다." 고전비평공간 규문대표인 채운이 《철학을 담은 그림》에서 한 말이다. 신학자 폴 틸리히도 "외로움이란 혼자 있는 고통을 표현하기 위한 말이고, 고독은 혼자 있는 즐거움을 표현하기 위한 말이다."라고 한다.

외로움은 타인에게 차단당하지만 고독은 스스로 격리시키는 것이다. 외로움은 원치 않아도 찾아오기에 고통스럽다. 고독은 스스로 만들어 낸 것이기에 즐겁다. 그래서 외로움은 '시달린다. 힘들다.'라고, 고독은 '씹는다. 즐긴다.'라고 표현한다.

설교자도 사람인지라 외로움이 찾아온다. 외로움은 이겨내야 한다. 고독은 즐겨야 한다. 자발적인 자기 격리를 기쁨으로 받아들여야 한다.

고독을 즐겨야 하는 이유

설교자가 고독을 즐겨야 하는 데는 이유가 있다. 첫째, 하나님과 독대하기 위함이다. 이재철 목사는 《목사 그리고 목사직》에서 이렇게 말한다. "그리스도인의 자발적인 자기 격리인 고독은, 두말할 것도 없이 하나님과 독대하기 위함이다. 예수님께서도 틈이 날 때마다 한적한 곳을 찾아 당신 자신을 자발적으로 격려하셨다. 물론 하나님과 독대하시기 위함이었다." 예수님은 무리 속에 둘러싸여 계셨다. 하지만 무리 속에만 계셨던 것이 아니라 무리를 떠나 하나님과 독대하기 위해 자신만의 공간으로 가셨다. 키에르케고르는 집단의 반대편에 서 있는 존재를 '단독자(單獨者)'라고 한다. 설교자는 하나님과 독대하기 위해 단독자로 서야 한다.

설교자는 청중에 둘러싸여 있다. 청중 앞에서 설교한다. 하지만 청중 속에서만 있으면 안 된다. 고독의 시간을 통해 하나님과 독대해야 한다. 하나님과 독대하므로 늘 사명감을 새롭게 해야 한다. 하나님과 친밀하게 교제해야 한다. 하나님의 뜻을 깨달아야 한다. 하나님만을 온전히 바라보아야 한다.

둘째, 사색하기 위함이다. 토마스 아퀴나스는 이렇게 말했다. "사색의 삶은 인간을 더욱 완전하게 만드는 삶의 형식이다. 사색적 삶 속에서 추구되는 진리의 사색은 곧 인간의 완성을 이루는 것과 같다.” 토마스 아퀴나스는 사색이 더 완전한 삶으로 만들고 진리의 사색은 인간의 완성을 이룬다고 강조한다. 사색이 얼마나 중요한지를 말한다.

설교자는 사색하기 위해 고독의 시간을 가져야 한다. 설교자가 쓸데없는 생각 말고 진지하게 사색하는 시간을 얼마나 가질까? 사단은 설교자로 바쁘게 살게 하므로 생각 없이 살게 한다. 생각하는 대로 사는 대신 사는 대로 생각하며 살게 한다. 프랑스 시인 폴 발레리는 “생각하는 대로 살지 않으면, 사는 대로 생각하게 된다.”라고 한다.

사는 대로 생각하는 것과 생각하는 대로 사는 것은 큰 차이가 있다. 사는 대로 생각하는 사람은 수동적인 삶을 산다. 환경의 지배를 받는다. 틀 안에 갇힌다. 반면 생각하는 대로 살아가는 사람은 다르다. 능동적으로 산다. 환경의 지배를 받지 않고 뛰어넘는다. 갇힌 틀을 깨고 나온다. 지금보다 더 나은 삶을 생각해 오늘을 살아가는 삶의 자세와 태도가 다르다. 설교자는 생각하는 대로 살아야 한다. 설교자가 고독을 통해 사색하지 않으면 생각 없이 살게 된다. 사는 대로 생각하게 된다.

셋째, 자신을 만나고 성장하기 위함이다. 헨리 나우웬은 《삶의 영성》에서 “고독 속에서 우리는 하나님을 만날 뿐 아니라 자신의 참 자아를 만난다.”라고 한다. 루스 헤일리 바턴도 《고독과 침묵》에서 이렇게 말한다. “고독과 침묵의 시간은 판단하는 시간이 아니라 보는 시간이다. 주어진 순간에 자신의 참 모습을 보고, 그 본 것들을 가지고 하나님의 임재 안에 머무는 시간이다." 고독은 타인의 시선을 걷어 내고, 어떤 방해도 없이 나를 만나는 실존의 시간이다. 자신을 제대로 볼 수 있는 시간이다.

설교자는 자신과의 진정한 만남을 넘어 성장을 위해 고독을 즐겨야 한다. 요한 G. 치머만은 《고독에 관하여》에서 "고독이야말로 인간으로서 진정한 지식을 가장 잘 습득할 수 있는 배움의 장이라"고 한다. 허연 시인도 《마흔에 고독을 받아쓰기로 했다》에서 이렇게 말한다. "사실 가장 완전한 인간은 고독할 줄 아는 인간이다. '혼자와 함께 혼자여야 한다'는 유명한 아포리즘처럼 말이다. 고독은 우리에게 초월을 가져다준다. 혼자를 즐기는 사람만이 스스로를 성찰할 수 있고. 삶을 헤쳐 나갈 수 있으며, 혼돈 속에서 중심을 잃지 않을 수 있다."

성장하려면 남과 나를 비교하면 안 된다. 어제의 나와 비교해야 한다. 고독은 어제의 나와 오늘의 나를 비교하는 시간이다. 어제의 나보다 어떤 점이 부족했는지, 달라진 것이 무엇인지 돌아봐야 한다. 어제의 나와 다른 오늘의 나, 오늘의 나보다 성장한 내일의 나를 만들기 위해 필요한 것이 고독이다.

설교자는 자신을 직면하고 성찰하며 성장하기 위해 고독을 즐겨야 한다. 고독의 시간이 설교자를 살리고 설교를 살리며 청중을 살린다.

고독(孤獨)이 고독(蠱毒)이 되면 안 된다

고독(孤獨)은 즐겁기도 하지만 위험하기도 하다. 고독(孤獨)이 고독(蠱毒=뱀, 지네, 두꺼비 등의 독)이 될 수 있다. 쇼펜하우어가 말한다. "칼을 제대로 다룰 줄 알아야 한다. 어리석게도 칼날을 잡으면 상처만 입지만, 손잡이를 잡으면 무기가 된다." 고독(孤獨)의 칼을 잘 활용하면 즐거운 시간이 되지만 고독의 칼날을 잡으면 독(毒)이 될 수 있다.

사람이 언제 죄를 가장 많이 지을까? 혼자 있을 때다. 아무도 없다는 생각에 스스럼없이 죄를 짓는다. 설교자도 예외가 아니다. 혼자 있을 때 좋은 생각을 할 수도 있지만 나쁜 생각을 할 수도 있다. 생각의 길을 제대로 내지 않으면 엉뚱한 방향으로 흐른다. 생각이 잘못된 방향으로 흐르면 고독(孤獨)이 고독(苦毒=고통스러움)이 된다. 고독(苦毒)을 넘어 고독(蠱毒)이 된다.

고독(孤獨)이 고독(蠱毒)이 되지 않으려면 감찰하시는 하나님을 의식해야 한다. "여호와의 눈은 어디서든지 악인과 선인을 감찰하시느니라(잠15:3)." 사람에게는 못된 마음이 있다. 내가 선한 일할 때는 하나님이 보고 계신다고 생각하고 죄지을 때는 안 보고 계신다고 생각한다. 착각이다. 하나님은 선한 일을 할 때도 죄지을 때도 지켜보고 계신다. 생각을 꿰뚫어 보신다. CCTV도 사각지대가 있다. 하나님의 눈은 사각지대가 없다. 세상에 하나님의 눈을 피할 수 있는 곳은 없다.

'신독(愼獨)'이라는 말이 있다. 신독은 중국의 고서 《대학》과 《중용》에 나오는 단어로 "남이 보지 않는 곳에 혼자 있을 때에도 도리(道理)에 어긋나지 않도록 조심하여 말과 행동을 삼간다."라는 뜻이다. 하나님을 믿지 않는 사람도 훌륭한 사람이 되기 위해 신독하려고 애쓴다. 설교자는 고독(孤獨)이 고독(蠱毒)이 되지 않게 감찰하시는 하나님을 의식해야 한다. 하나님을 의식하고 신독(愼獨)해야 한다. 신독(愼獨)하면 고독(孤獨)은 즐거운 시간이 된다. 설교자의 삶이 달라진다. 설교가 살아난다.

고독이 함께 서기를 이룬다

설교자는 고독을 통해 할 일이 있다. 홀로서기다. 홀로서기의 목적은 함께 서기다. 설교자는 청중과 교회공동체와 사회공동체와 함께 서기 위해 홀로서기를 해야 한다.

작사가인 김이나가 《보통의 언어들》에서 이렇게 말한다. "인간은 당연히 외롭다. 인간은 어찌 되었든 혼자다. 우리는 사회 속에 살고 있기 때문에 가끔 착각을 한다. 각각 혼자인 채로 공동체를 이루고 살아갈 뿐인데 마치 둘 또는 공동체로 살아가는 것이 기본값이라고 생각한다. 그러다 나만 동떨어진 무리 속에 있을 때 문득 외로움을 느낀다.”

박재순의 《나는 나답게 너는 너답게》에도 이런 글이 있다. “남이 ‘나’를 일으켜 세울 수 없다. ‘나’를 일으켜 세울 수 있는 것은 오직 ‘나’뿐이다. 내가 나를 일으켜 세우는 것이고 내가 스스로 일어나는 것이다. 내가 나답게 될수록 더불어 사는 길로 가게 된다. 그런 점에서 홀로 하는 것이면서 온 세상과 더불어 하는 것이다.”

홀로서기가 안 된 사람은 다른 사람과 함께 서기가 힘들다. 짐만 된다. 《트렌드 코리아 2025》에서 제시한 10개의 키워드 중에 ‘공진화 전략(Co-evolution Strategy)’이 있다. 공진화 전략이란 다른 기업들이 협력해 함께 성장하는 전략을 의미한다. 경쟁보다는 협력과 상생을 통해 공동 성장을 도모하는 것이 공진화 전략의 핵심이다. 이 책은 “변화무쌍한 경제 생태계에서는 공진화는 필수적인 선택이다”라고 말한다. 공진화도 홀로서기를 한 기업들끼리 할 수 있다. 숲에 가보면 나무들이 적당히 거리를 두고 홀로 서 있다. 동시에 함께 숲을 이루고 있다. 나무가 각각 홀로서기를 하지 않으면 아름다운 숲을 이룰 수 없다. 홀로서기가 된 나무가 함께 모여 아름다운 숲을 이룬다.

가정도 마찬가지다. 부모는 부모로서 자녀는 자녀로서 홀로서기를 할 때 아름다운 가정을 세운다. 교회도 마찬가지다. 설교자는 설교자로서 직분자는 직분자로서 성도는 성도로서 홀로서기가 될 때

교회는 든든히 선다.

설교자는 고독을 즐겨야 한다. 고독은 진정한 나를 만나고 성장하는 시간이다. 하나님을 만나는 시간이다. 하지만 고독만 즐겨서는 안 된다. 고독을 통해 나와 하나님을 만났다면 가정과 공동체 속으로 들어가야 한다. 고독을 통해 홀로서기를 했다면 함께 서야 한다.

설교자는 살리는 설교를 하기 위해 고독을 즐겨야 한다. 살리는 설교는 그저 나오는 것이 아니다. 하나님과 만나는 고독의 시간이 있어야 한다. 자신의 실존과 직면하고 성장을 위한 고독의 시간 있어야 한다. 고독을 통해 설교자가 살리는 설교를 할 때 청중도 살릴 수 있다. 교회공동체도 함께 설 수 있다.

이재영 목사

〈아트설교연구원〉 부대표이다.
저서로는 《희망도 습관이다》, 《신앙은 역설이다》 등이 있다.

Chapter 4

묵상이 살아야 설교가 산다

살리는 설교

1

묵상이 설교로 이어지게 하라

묵상과 설교가 따로국밥이 되면 안 된다

묵상과 설교는 별개가 아니라 하나로 이어져야 한다. 묵상과 설교가 따로국밥이 되면 안 된다. 완벽하게 연결되어야 한다.

설교 준비에서 가장 중요한 것은 묵상이다. "당신이 성경 말씀을 한두 번 읽고, 듣고, 말했을 때, 피곤해지거나 충분히 했다고 생각지 말라. 오히려 완전히 이해가 올 때까지 계속하라." 종교개혁자 마르틴 루터(Martin Luther)가 한 말이다.

설교자는 말씀을 완전히 이해하기 위해 묵상해야 한다. 하나님을 만나기 위해 묵상해야 한다. 하나님의 은혜에 흠뻑 젖기 위해 묵상해야 한다. 하지만 설교자의 묵상은 묵상으로 끝나면 안 된다. 설교로 연결돼야 한다. 김도인 목사는 《설교자와 묵상》에서 '묵상과 설교는 하나'라고 말한다. "묵상과 설교는 하나다. 마치 부부처럼 한 몸이다. 그 이유는 묵상 없이 설교하면 안 되고, 묵상과 설교가 연결되어 있기 때문이다. 묵상 없는 설교는 그냥 좋은 말일 뿐이다. 설교자는 묵상가여야 한다. 그럴 때 하나님께서 원하시는 설교를 만들 수 있다." 설교자의 묵상은 묵상으로 끝나면 안 된다. 설교로 연결돼야 한다. 그래야 살리는 설교를 할 수 있다.

많은 설교자들이 묵상을 설교로 연결시키지 못한다. 그 이유가 뭘까? 첫째, 실력이 부족하기 때문이다. 서울여대 장경철 교수가 즐겨 하는 말이 있다. "좋은 것이 찾아오는 것이 은총이다. 그러나 좋은 것이 계속해서 찾아오게 하는 것은 실력이다." 설교자에게는 좋은 것이 찾아오는 은총이 필요하다. 하나님께서 깨닫게 하시는 은총이 필요하다. 하지만 은총만 목 빠지게 기다릴 수는 없다. 은총이 언제 찾아올지 모르기 때문이다. 좋은 것이 계속해서 찾아오게 하는 실력 있는 설교자가 돼야 한다. 실력 있는 설교자가 되면 은총만 기다리지 않는다. 좋은 것이 계속 찾아오기 때문이다. 안타까운 것은 설교자들이 실력을 키우려고 하는 것이 아니라 은총에만 매달리려 한다는 것이다. 설교자는 은총도 구해야 하지만 실력 있는 사람이 돼야 한다. 실력이 있으면 묵상을 설교로 연결시킬 수 있다.

둘째, 깊은 묵상을 하지 못하기 때문이다. 설교자가 성도들 수준의 묵상만 하면 설교로 연결시킬 수 없다. 사골은 끓일수록 깊은 맛을 낸다. 묵상도 마찬가지다. 오랜 시간 묵상해야 깊은 묵상을 할 수 있다. 꿀송이보다 더 단 말씀의 맛을 보면 자연스럽게 설교로 연결된다.

셋째, 방법을 모르기 때문이다. 설교자가 묵상하지만 어떻게 설교로 연결시켜야 할지 모른다. 모르는 것은 부끄러운 것이 아니다. 모르는 것을 모른다고 인정하지 못하는 것이 부끄러운 것이다. 방법을 모르면 배우면 된다. 이미 이 부분에 대해 고민한 설교자들이 있다. 필자도 많이 고민했다. 찾고자 하면 얼마든지 찾을 수 있다. 설교자는 묵상과 설교를 따로 놀게 하면 안 된다. 연결시켜야 한다. 연결시키면 설교가 살아난다.

묵상은 초벌구이 & 설교는 재벌구이

묵상을 설교로 연결하는 것은 도자기를 만드는 과정과 같다. 한국도자기 재단에서 알려주는 도자기 만드는 과정을 살펴보자. 도자기를 만들기 위해 먼저 원료인 흙을 채취해야 한다. 다음은 흙을 정제한다. 예로부터 도자기 장인들은 큰 물웅덩이에 흙을 넣고 저은 후, 가라앉은 부드러운 앙금만 채로 걸러 사용하였는데, 이를 '수비(水飛)'라고 한다. 간혹 흙 속에 기포가 있을 경우, 그릇을 구울 때 공기구멍이 터지거나 부풀어 올라 도자기의 표면을 울퉁불퉁하게 만드는 원인이 된다. 그래서 흙 속 기포를 뺄 수 있도록 수비 된 흙을 바닥에 편 다음, 발로 흙을 밟아 반죽하는 과정인 '연토(練土)'를 거치게 된다. 잘 반죽 된 흙은 적당한 크기로 떼어 도자기 형태를 잡는다.

도자기 형태를 잡는 과정은 '성형(成形)'과 '정형(整形)'으로 나누어진다. 성형이란, 물레를 사용해 도자기의 형태를 만드는 과정이다. 정형이란, 성형이 완료된 도자기가 마르기 전에 칼로 굽을 깎고, 표면을 매끄럽게 정리하는 등 도자기를 섬세하게 다듬는 과정이다. 성형과 정형이 끝난 도자기는 그늘에서 천천히 충분히 말린 후에 초벌구이를 진행한다. 초벌구이는 완전히 건조된 그릇을 가마에 넣고 700℃~900℃에서 1차로 구워주는 것을 의미한다. 그릇의 표면에 유약을 입힐 때 그릇이 젖어 녹는 것을 방지하고, 유약이 녹아 도자기 몸체에 골고루 붙도록 하기 위해선 꼭 필요한 단계다.

초벌구이가 끝난 도자기는 잘 건조한 후 유약을 바른다. 유약은 그릇의 광택을 살려주고 오염이 되지 않도록 하는 역할을 하는데 이 과정을 '시유(施釉)'라고 한다. 마지막으로 재벌구이를 한다. 재벌구이는 1,200℃~1,300℃의 온도로 구워준다. 가마 속 불의 세기

나 불길의 흐름 등에 따라 도자기가 잘 구워지기도 하고, 잘못 구워지기도 한다. 재벌구이가 가장 어렵고 예측하기 힘든 과정이다. 도자기는 초벌구이와 재벌구이 과정을 통해 만들어진다.

묵상을 설교로 연결하는 과정도 마찬가지다. 하나님께서는 친절하게 이미 성경이라는 '정형(整形)'된 도자기 모양을 만들어 주셨다. 설교자가 할 일은 초벌구이부터다. 초벌구이가 묵상의 단계다. 초벌구이에서 가장 중요한 것은 낮은 온도에서 충분히 시간을 두고 구워내는 것이다. 이렇게 하면 도자기에 금이 가지 않는다. 묵상도 급하게 하면 금이 간다. 온전한 말씀의 의미를 찾기 힘들다. 설교자의 생각이 지배하게 된다. 하나님의 말씀이 설교자를 지배하도록 해야 한다. 그 방법은 천천히 묵상하는 것이다.

초벌구이한 도자기는 완성품이 아니다. 하나의 과정이다. 묵상도 마찬가지다. 묵상은 설교의 완성이 아니다. 초벌구이가 끝났다면 재벌구이를 해야 한다. 설교는 재벌구이를 통해 완성된다. 초벌구이한 묵상에 논리라는 유약을 바르고 논증이라는 무늬를 입혀야 한다. 적용이라는 색을 입혀 구성의 불로 구워내야 한다.

여기서 끝이 아니다. 도자기 장인은 가족과 떨어져 목욕 재개하고 심신을 온전히 한 후에 도자기를 빚는다. 한 점에 티도 없는 도자기를 만들고도 자신의 혼이 들어가지 않았다고 도자기를 깨뜨려 버린다. 한 점의 흠과 티도 없는 도자기를 만들고 자신의 혼이 들어

갔을 때 진정한 도자기라고 여긴다. 이 도자기가 고려청자다.

설교자는 묵상을 설교로 완성하기 위해 자신의 혼을 담아야 한다. 하나님의 마음을 담아야 한다. 살리는 설교는 묵상으로 시작해 초벌구이와 재벌구이를 통해 만들어진다.

묵상, 이렇게 설교로 이어지게 하라

묵상을 설교로 이어지게 하기 위해서는 방법이 필요하다. 김도인 목사는《설교자와 묵상》에서 묵상이 설교로 이어지려면, 기존에 하던 큐티형 묵상에 세 가지가 더해져야 한다고 말한다. 첫째, 묵상이 설교로 이어지기 위해서는 청중에게 들려지고 설명하는 부분이 있어야 한다. 설명은 청중에게 도움을 줄 수 있는 것이어야 한다. 성경해석을 지나 청중이 쉽게 받아들일 수 있는 설명이 있는 묵상이어야 한다. 둘째, 본문이 의미하는 바는 물론, 등장인물의 마음 읽기를 통해 본문의 이면을 읽을 수 있는 묵상이어야 한다. 하나님과 설교자가 공감할 수 있고, 청중과 소통할 수 있는 묵상이어야 한다. 셋째, 묵상은 질문으로 시작되고 질문으로 마쳐야 한다. 질문을 하되 본문에 갇힌 질문이 아닌, 본문을 담아내는 질문을 해야 한다. 그렇지 않으면 묵상은 그저 성경해석에서 그친다.

묵상이라고 하면 흔히 큐티를 떠올린다. 큐티는 성도들이 하는 묵상이다. 짧은 시간, 간단하게 할 수 있는 묵상이다. 얕은 묵상이다. 설교자의 묵상은 큐티 수준이 아닌 설교자가 할 깊은 묵상이다. 설교자는 말씀의 깊은 샘에서 생수를 끌어올려야 한다. 즉 설교로 이어지는 묵상을 해야 한다.

김기현 목사는 《모든 사람을 위한 성경 묵상법》에서 묵상을 하루도 거르지 않고 글로 정리하는 전 좋은교사운동 대표인 정병오 선생의 말을 인용한다. "저는 성경 본문과 관계없이 설교하는 목회자가 제일 나쁘지만, 큐티를 열심히 하면서 그 수준에서 설교하는 분도 큰 문제라 생각합니다. 설교자가 개인 경건을 위해 매일 큐티를 할 수도 있지만, 어차피 설교와 연관될 수밖에 없다면 설교 본문을 미리 정하고 그 본문을 반복해서 묵상하고 여러 측면에서 연구해 깊이 있는 설교를 연결하는 것이 좋다고 봅니다." 큐티 수준의 묵상은 설교로 이어질 수 없다. 성도들은 그런 수준의 설교에 귀를 닫는다. 이 수준의 묵상으로 청중의 영혼을 살릴 수 없다.

설교자가 묵상을 설교로 연결시키기 위해 무엇보다 묵상을 빨리 시작해야 한다. 대부분의 설교자는 토요일날 주일 설교를 준비한다. 주일 오전 예배 설교는 최소한 그 전 주일 저녁부터 시작해야 한다. 주일 저녁에 다음 주일 오전 예배 설교 본문을 정하고 묵상해야 한다. 묵상을 일찍 시작하지 않으면 깊은 묵상을 할 수 없다. 설교자는 설교할 본문 말씀을 주일 저녁부터 매일 묵상해야 한다. 말씀을 계속 묵상하다 보면 설교로 어떻게 연결시킬지에 대한 아이디어가 생각난다. 또한 말씀이 머릿속에 있기 때문에 설교의 재료들을 일상에서 찾을 수 있다.

둘째, 깊은 묵상을 통해 핵심 메시지를 담은 설교 제목을 만들어야 한다. 제목 잡는 것이 설교의 절반이다. 사람들이 온라인에서 통상 하나의 콘텐츠를 읽는데 걸리는 시간은 평균 26초라고 한다. 심지어 뇌에서 콘텐츠가 마음에 드는지 결정하는 시간은 0.017초 밖에 걸리지 않는다고 한다. 결국 콘텐츠가 마음에 드는지 결정하는 것은 '제목'이라는 말이다. 책을 고를 때도 가장 중요하게 여기는 것이 제목이다. 설교자는 묵상을 통해서 설교 제목을 잘 잡아야 한다. 본문에서 '하나님께서 무엇을 원하시는가?'라는 관점을 가지고 제목을 잡아야 한다. 저자의 의도를 파악하고 제목을 잡아야 한다.

셋째, 독서해야 한다. 김기현 목사는 《모든 사람을 위한 성경 묵상법》에서 이렇게 고백한다. "묵상은 독서를 요구합니다. 저는 웨슬리의 기도를 참으로 사랑합니다. '한 권의 사람, 만 권의 사람이 되게 하소서!' 한 권이란 성경이고, 만 권이란 독서를 가리킵니다. 목회자는 철두철미한 성경 전문가이자, 다섯 수레의 책을 읽는 독서가여야 합니다. 웨슬리에게 저 둘은 결코 둘이 아닌 하나였습니다." 묵상을 설교로 이어지게 하려면 독서는 필수다. 설교는 묵상만 가지고 설교로 이어지게 할 수 없다. 독서가 뒷받침 돼야 한다.

다양한 독서를 통해 사고가 확장되면 묵상의 폭도 넓어지고 깊어진다. 또한 독서를 통해 얻은 지식과 간접경험들이 묵상과 함께 설교를 구성하는데 좋은 재료가 된다. 설교자는 묵상가여야 하며 동시에 독서가여야 한다.

설교자는 생명력 있는 하나님의 말씀을 깊이 묵상하고 설교로 제대로 연결시켜야 한다. 그럴 때 청중의 영혼을 살리는 설교를 할 수 있다.

이재영 목사

〈아트설교연구원〉 부대표이다.
저서로는 《희망도 습관이다》, 《신앙은 역설이다》 등이 있다.

2

청중보다 더 깊게 묵상하라

설교자는 차이를 만들어 낸다

2004년 7월 미국 캘리포니아 실리콘밸리의 101번 고속도로에 흥미로운 광고판이 세워졌다. 광고판에는 광고를 낸 회사 이름도, 홍보를 하려는 제품명이나 이미지도 없었다. 광고모델 한 명 없는 광고판에는 단 하나의 문장만이 적혀 있었다.

{first 10-digit prime found in consecutive digits of *e*}.com

출퇴근길 수많은 운전자가 광고판을 보며 지나쳤지만, 이 광고 문구가 무엇을 뜻하는지 관심을 두는 사람은 많지 않았다. 아주 소수의 사람만이 이 문구에 관심을 가졌다. 필기체로 쓴 e는 오일러수를 뜻한다. 오일러수는 소수점 이하가 영원히 계속되는 무리수다. 광고판의 문장을 해석해 보면, '오일러수의 숫자 나열에서 제일 처음 등장하는 10자리 소수'라는 의미다. 오일러수의 10자리 소수를 찾아보라는 말이다. 과연 몇 명이나 이 광고의 문제를 풀었을까? 그리고 광고판의 문제를 풀었을 때 어떤 보상이 주어졌을까?

이 문제의 답을 알아낸 사람은 한 사이트에 접속할 수 있게 되었다. 사이트에 접속한 사람에게는 이력서를 제출할 기회가 주어졌다. 제출한 이력서는 구글 본사로 전달되었다. 이 광고는 구글에서 신입사원을 뽑기 위한 방법이었다. 구글은 2004년과 2005년에 걸쳐 1만 5000명의 직원을 뽑았는데, 이것은 당시 사용한 채용 방식 중 하나였다.

구글은 특별한 사람을 뽑기로 유명한 회사다. 수많은 사람이 볼 수 있는 곳에 광고판을 세웠지만, 그 광고판에 반응하는 사람은 소수의 특별한 사람뿐이었다.

"사람과 사람 사이에는 아주 작은 차이가 존재한다. 그러나 이 작은 차이가 엄청난 격차를 만들어 낸다." 나폴레옹 힐의 말이다. 모두 비슷한 사람이라도 작은 차이가 존재하기 마련이다. 그 작은 차이가 결국에는 큰 격차를 만들어 내는 것이다.

설교자는 차이를 만들어 내는 사람이다. 설교자는 하나님의 말씀 속에서 보화를 캐내어 청중들에게 들려주어야 한다. 그래야 영혼이 살아나기 때문이다. 살리는 설교를 하기 위해서는 차이를 만들어 낼 줄 알아야 한다. 청중은 세상과 다른 차이를 보이는 삶을 살기를 원한다. 말씀을 듣고 삶이 달라지기를 소망한다. 설교자가 만들어 내는 차이만큼 청중도 변화된다.

묵상이 차이를 만든다

사마천의 사기에 '실지호리 차이천리'(失之毫釐 差以千里)라는 고사성어가 있다. '호'와 '리'는 길이를 재는 자와 무게를 재는 저울의 눈금을 뜻한다. 아주 작은 단위를 말한다. 아주 작은 차이를 놓친다면 천리의 차이로 벌어진다는 의미가 담겨 있다.

차이를 만드는 것은 크고 작은 것이 중요하지 않다. 작은 차이라도 큰 변화를 만들 수 있기 때문이다.

차이를 만들어 내는 설교는 묵상에서 시작된다. 설교의 기본이 묵상이기 때문이다. 설교할 본문이 정해지면 설교자가 가장 먼저 해야 할 일은 묵상이다. 묵상을 어떻게 하느냐에 따라서 설교의 차이가 만들어진다.

차이를 만드는 묵상을 하는 설교자는 많은 시간을 투자한다. 한국 교회는 청중의 묵상 훈련을 위해 다양한 묵상 방법을 사용한다. 우리가 큐티라고 부르는 묵상법이다. 큐티는 일반적으로 하나님은 무엇을 말씀하시는가? 나는 어떻게 반응하는가? 2가지 질문으로 나뉜다.

필자도 학생 시절 매일 큐티를 했다. 그러나 큐티를 하는 시간은 일정하지 않았다. 시간이 많으면 30분, 바쁠 때는 5분이면 끝나기도 했다. 그래도 하나님 말씀으로 하루를 시작했다는 안도감이 종일 마음을 편안하게 해 주었다.

바쁜 청중이 시간에 쫓기면서도 말씀을 묵상하는 것은 귀한 일이다. 그러나 설교자는 청중과 같은 방법으로 말씀을 묵상해서는 안 된다. 설교자는 청중보다 더 깊게 묵상해야 한다. 더 깊게 묵상하는 방법은 많은 시간을 투자하는 것이다. 그래야 차이를 만들어 낼 수 있기 때문이다. 똑같은 말씀이라도 어떻게 보느냐에 따라 차이가 만들어진다. 나태주의 '풀꽃'이라는 시가 있다.

자세히 보아야 예쁘다
오래 보아야 사랑스럽다
너도 그렇다.

들에 널려 있는 꽃을 자세히 보는 사람은 많이 없다. 그냥 스쳐 지나쳐 갈 뿐이다. 그러나 자세히 보고, 오래 보면 들에 핀 꽃의 진정한 아름다움을 발견할 수 있다. 들에 핀 꽃의 진정한 아름다움을 발견하기 위해서도 많은 시간이 필요하다. 하물며 하나님의 말씀은 어떻겠는가? 하나님의 말씀도 많은 시간을 들여 자세히 묵상하면 남들이 보지 못한 차이를 발견할 수 있다.

낯설게 하기를 통해 깊어진다

깊이 있는 묵상을 위한 시작은 낯설게 하는 것에 있다. 낯설게 하기는 친숙하고 일상적인 것을 새로운 느낌이 들도록 표현하는 예술적 기법의 하나다. 낯설게 하는 것은 평소 우리가 알고 있는 내용을 다른 시각으로 바라보게 하는 것이다.

'메로'라고 불리는 생선이 있다. 메로는 육즙이 많고 부드러우며, 먹었을 때 담백한 맛을 내는 생선이다. 미국과 일본에서 인기 있는 식재료로 사용된다. 그러나 메로의 진짜 이름을 아는 사람은 많이 없다. 메로의 진짜 이름은 파타고니아 이빨고기다. 이빨고기라는 이름이 사람들에게 좋은 인상을 주지 못해 메로라는 이름을 사용하기 시작했다. 이빨고기라고 불릴 때는 식용으로 거의 팔리지 않던 생선이 메로라는 이름을 붙이자 많은 사람에게 사랑받는 식재료가 되었다.

메로와 이빨고기는 같은 생선이다. 그러나 이름을 어떻게 붙이느냐에 따라서 사람들이 받아들이는 반응이 달라졌다. 하나님의 말씀도 똑같다. 늘 똑같이 묵상했던 내용을 설교자가 낯선데 하나도 어색하지 않게 잘 녹여낸다면 청중은 빠져들게 된다.

김도인 목사는《설교자와 묵상》에서 질문을 통해 낯설게 묵상할 수 있다고 말한다. "한 번 질문했다고 멈추면 안 된다. 그러면 상대방의 의중을 파악해 낼 수 없다. 하지만 계속해서 질문을 던지면 상상하지 못한 결과를 끄집어낼 수 있다."

낯설게 묵상하기 위해서는 멈추지 않는 질문이 필요하다. 어린아이가 호기심에 질문을 던지듯 하나님 말씀 앞에 질문을 던져야 한다. 창세기 12장을 보면 하나님께서 아브라함에게 고향과 친척과 아버지의 집을 떠나라고 명령하는 부분이 있다.

[1] 여호와께서 아브람에게 이르시되 너는 너의 고향과 친척과 아버지의 집을 떠나 내가 네게 보여 줄 땅으로 가라(창세기 12장 1절)

이 말씀을 보면서 계속 질문을 던졌다. "하나님은 왜 아브라함에게 집을 떠나라고 하셨을까?" 질문의 끝에 '도전'이라는 단어가 떠올랐다. 아브라함의 나이는 결코 적은 나이가 아니었다. 그러나 하나님은 그런 아브라함에게 다시 도전하라는 메시지를 던지셨다. 100세 시대를 살아가는 우리에게 하나님은 여전히 도전이라는 꿈을 주신다. 몇 년 전까지 배낭여행은 청년들의 전유물이었다. 그러나 이제는 60이 넘은 나이에도 홀로 해외여행을 다니는 분을 심심치 않게 볼 수 있다. 도전은 현재 진행형이다. 하나님은 우리가 언제나 도전하는 인생을 살기를 원하신다. '십자가의 길'은 부담이 되지만, '도전하는 길'은 설렘으로 다가온다.

차이를 만드는 설교자가 영혼을 살린다

뇌 과학자 정재승은 사람들은 기본적으로 리더가 되려는 성향은 없지만, 리더를 따르는 성향은 많다고 말한다. 대부분 사람은 누군가를 따라 하려는 성향을 가지고 있다. 나보다 똑똑한 사람을 찾아서 그 사람의 말을 듣고 학습을 하면서 여러 사람 사이에 끼어 있을 때 생존 가능성이 높기 때문이다. 그래서 사람들은 끊임없이 리더를 찾고 리더를 따르게 된다.

청중이 따르는 리더도 평범한 사람이 아니라 특별한 사람이다. 청중이 따르는 설교자가 되기 위해서는 특별한 설교자가 되어야 한다. 특별한 설교자는 어떤 사람인가? 하용조목사는 "설교의 깊이는 묵상의 깊이에서 나온다."라고 말했다. 설교자를 특별하게 만드는 것은 깊이 있는 묵상이다. 설교자는 청중보다 더 깊이 묵상해야 한다. 묵상은 설교의 시작이자 기본이다. 묵상에 성공해야 설교도 성공할 수 있다. 살리는 설교를 하기 위해서는 먼저 묵상에 많은 시간을 투자해야 한다. 남들이 보지 못한 부분을 발견할 때까지 질문을 던져야 한다.

김현수 목사

행복한나무교회 담임이다.
저서로는 《메마른 가지에 꽃이 피듯》, 《설교트렌드 2025》 등이 있다.

3

바리스타가 커피를 볶듯이 묵상하라

묵상은 치열하게 볶아야 향이 난다

처음 커피를 마실 때 적응이 쉽지 않았다. 이제는 원두 향이 좋은 곳, 커피 맛이 좋은 장소를 검색해가며 마실 정도로 커피의 맛에 익숙해졌다. 커피를 좋아하는 사람은 매일 마시지 않으면 하루를 시작하는 기분이 안들 정도라고 하니 그런 면에서 커피와 묵상은 참으로 닮아있다. 살리는 설교자에게 묵상이란 하루를 시작하며 마시는 잘 볶은 커피와 같다.

맛 좋은 커피를 잘 내리는 바리스타는 설교를 잘 들리게 풀어내는 설교자와 닮아있다. 18세기 탈레랑은 커피를 이렇게 표현했다. "악마처럼 검고, 지옥처럼 뜨겁고, 천사처럼 순수하고 사랑처럼 달콤하다." 커피의 맛이 이토록 매력적이라는 표현이다. 설교를 듣는 이를 예수의 매력에 푹 빠지게 하는 능력은 묵상에 있다. 마치 흡입력 있는 커피의 매력이 어느덧 현대인에게 필수 기호식품이 된 것과 같다.

많은 사람이 좋아하고, 접하다보니 커피의 맛은 상향평준화가 되었다. 맛의 우위를 판별하기 어렵다. 여기서 미묘한 맛의 우위를 가르는 한 방법이 커피콩을 볶는 과정, 로스팅이라 불리는 작업이다. 원통의 볶는 기계 안에서 짧은 시간 안에 높은 온도로 생커피콩을 익혀야 하는 과정이다. 이 과정을 통해 우리가 익히 아는 커피의 향이 만들어진다.

묵상은 누구나 할 수 있다. 똑같아 보인다. 성경의 큰 틀 안에서 되뇌이고 고민하고 생각하는 가운데 그리스도의 향이 살아나는 점에서 달라진다. 커피의 만듦과 포인트가 닮아있다. 같은 커피콩으로 볶았음에도 맛의 깊이가 다르듯이 같은 성경의 말씀이지만 묵상의 깊이가 달라지는 것이 매력이다. 중요한 것은 시작하지 않으면 그 맛과 향은 기대할 수 없다는 점이다.

묵상의 준비는 읽는 말씀으로 열을 가하는 예열과정이다

로스팅의 과정은 긴박하면서도 여유가 있어야 한다. 짧은 시간에 고온으로 조절을 하는 동시에 순간 순간 콩의 변화를 체크하는 여유가 필요하다. 이 로스팅의 시작은 콩을 넣는 원통이 미리 가열되어 있어야 한다. 가열되지 않는 통으로 고온의 커피콩을 볶으면 타버린 콩을 보게 된다.

묵상이 그러하다. 적어도 생명이 살아나는 말씀을 묵상을 하려면, 말씀을 통해 머릿속을 예열해야 한다. 말씀이 내 머릿속을 뜨겁게 휘젓도록 읽어야 한다. 10번을 읽든 20번을 읽든 말씀이 내 머릿속을 지배하도록 해야 한다. 기도로 말씀만이 나를 지배하도록 준비해야 한다. 그래야 하나님의 말씀을 통한 묵상이 시작될 준비를 마친다.

《묵상 - 그 위대한 발걸음을 당신이 시작하셨습니다》에서 송은진 목사는 묵상이란 스며든 향기를 내는 일이라 한다. 사람의 냄새가 아니라 묵상을 통해 예수의 향기가 나는 것이라 한다. 설교자가 종종 착각하는 것이 있다. 무턱대고 자신이 눈앞의 말씀 속에서 바로 예수의 향을 끄집어 낼 수 있다고 생각한다. 예열작업이 없는 조급함의 결과는 탄내 나는 커피 향만 만든다. 살아 있는 맛있는 커피가 아니라, 탄내 나는 죽은 커피다.

말씀 묵상도 이와 같다. 묵상을 대충 하면 세상의 탄내 나는 자기 생각이 주가 된다. 깊이가 없어 쉽게 잊히게 된다. 묵상할 때 주를 향한 마음을 담은 열기가 미리 내 속에 잠재해 있어야 한다. 말씀이 눈에 익고 기도로 주를 찾고 마음에 임재함을 누릴 수 있어야 한다. 나의 속이 커피콩을 넣기 전 원통처럼 가열되어야 깊은 냄새가 밸 준비가 돼야 한다. 그제야 생자배기인 예수의 향기가 나에게 스며들 준비가 된다.

예열된 원통 속에 커피콩은 준비된 순서대로 변화가 일어난다. 생풀의 냄새만을 풍기던 콩이 노란색에서 짙은 갈색으로 변한다. 이때 콩 표면의 껍질이 벗겨지면서 콩이 쪼개지기 시작한다.

히브리서 기자는 말한다. 하나님의 말씀은 살아 있어 영혼과 관절과 골수를 찔러 쪼개기까지 한다고, 말씀의 향기가 내 속에 스며들면, 나를 둘러싸던 세상 껍질들이 금이 간다. 세상 염려와 이생의 근심된 묵은 껍질들이 벗겨지기 시작한다. 《자빠져 있어도 사랑해》에서 크리스틴 장은 말한다. '세상은 내가 없어도 돌아가고 내가 있어도 돌아가니 걱정하지 말라'고. 내가 걱정하지 않아도 세상은 돌아간다. 돌아가지 못하는 건 근심에 둘러싸인 나일뿐이다. 말씀의 향이 내게 스며들면 내가 돌아간다. 세상에 찌든 내가 죽고 하나님의 말씀의 향이 날 준비를 마친다.

신맛을 두려워하면 묵상이 멈춘다

우리나라 사람은 커피의 신맛을 그다지 좋아하지 않는다고 《카페 블루보틀》의 저자가 말한다. 우리나라에서 만든 음식이 상하면 대부분 신맛이 나니 먼저 거부감이 생긴다. 또 하나의 이유는 밥을 먹고 남은 누룽지를 끓여 먹는 구수한 맛에 익숙해져서도 그렇단다.

전문 바리스타들의 말을 빌리자면, 커피의 신맛은 무시해선 안 된단다. 정말 잘 나온 커피에서 나오는 맛이 신맛이기에 그렇다.

《로스팅 다리어리》를 보면, 커피콩은 익으면서 단맛이 난다. 좋은 바리스타는 단맛 이전에 신맛이 있다는 것을 알고 있다. 소위 커피를 즐기는 커피쟁이들은 이 신맛에 죽고 못 산다. 좋은 커피의 맛은 신맛에서 좌우되기 때문이다. 오히려 단맛은 커피를 더 태움으로 나는 맛이라 좋은 커피로부터 멀어진다.

박대영 목사의 《묵상의 여정》에는 흥미로운 이야기가 나온다. 나에게는 나를 위해 24시간 함께 하는 하나님에 대한 이론이 있다. 내가 잘못된 길을 갈 때 충성하라고 엄하게 인도하시는 하나님의 지식도 있다. 이 신학이 우리를 이 정도면 괜찮다고 머물게 한다. 그러나 광야라는 것이 우리의 모든 신학을 무너뜨린다. 그리고 낯익은 하나님, 내가 보고 싶은 대로 보았던 하나님을 낯설고 충격적으로 볼 수 있게 해준단다. 혀끝을 자극하는 신맛이 나는 말씀이 제대로 된 묵상의 시작이다.

묵상의 삶에서 '이 정도면 충분하지' 라고 생각할 때 하나님은 광야를 겪도록 하신다. 사막의 햇살보다 더 뜨겁고 자갈길보다 힘든 길을 걷게 만든다. 광야를 겪을 때 신나게 박수를 쳐야 한다. 이때가 하나님의 민낯을 볼 타이밍이기 때문이다. 광야가 생명을 살리는 찐 하나님과 마주할 시간이다. 이때는 당장 내 입에 고난에 찌든 단내가 나는 것 같다. 그렇지 않다. 단내가 나기 전에 우리를 정신 차리게 하는 신맛을 맛보게 한다.

단맛보다 신맛을 느끼는 것이 먼저라는 것을 깨달을 때 비로소 은혜가 시작된다. 아이스 아메리카노의 신맛과 쓴맛의 조화에 눈이 번쩍 뜨이며 많은 젊은이들이 하루를 시작한다. 과거에 머물렀던 내가 정신 차리고 살아날 신맛을 광야의 묵상 가운데 맛보게 된다. 나를 자극하고 깨닫게 하는 신맛이 결국 나를 살린다.

커피는 볶아야 제맛이고 묵상은 연단을 받아야 맛이 난다

당대의 유명한 철학자가 칭찬한 대단한 커피도 맛이 드러나려면 한 과정이 필요하다. 커피를 볶는 과정이다. 커피를 볶지 않으면 커피가 될 수 없다. 바리스타라면 평생 해야 할 과정이 커피 볶는 것이다.

사람은 들들 볶여야 진국이 된다고 한다. 다양한 상황에서 고통을 수반한 경험과 고통 속에 뒹굴어 본 사람은 생각이 넓어진다. 그 사람이 가진 것이 어떤 것인지, 은사가 무엇인지 밖으로 드러난다. 인생의 신맛을 통해 정신을 차렸다면, 내 삶의 연단 가운데 드러나는 묵상은 사람을 살리는 설교로 변환된다.

거대한 원통 속에 열을 거치듯이 나의 삶은 하나님께서 허락하신 말씀과 함께 볶아지고 데워지는 과정을 거쳐야 한다. 연단 속에 우려진 나의 삶은 껍질이 부서지는 가운데 애매한 세상맛이 날아간다. 맛을 살리는 커피향을 내기 시작한다.

설교자는 말씀 앞에 머물러야 하는 이유가 단순하다. 세상 사람에서 하나님의 사람으로 변화되기 위함이다. 이 변화는 내가 스스로 변하는 것일까? 송은진은 《묵상- 그 위대한 발걸음을 당신이 시작하셨습니다》에서 존재가치의 변화라고 말한다. 나로부터 시작되는 것이 아니다. 나를 만드신 이로부터 예리하고 예민한 손길로부터 시작된다. 그 변화는 결국 하나님 말씀 앞에 나를 세우면서 시작된다.

커피가 바리스타의 거친 손길이 필요하듯 설교자는 하나님의 크신 오른손의 인도하심이 필요하다. 이 사실을 인정하면 내 존재 가치가 변화된다. 존재의 가치가 변했다는 것은 다시 살아났다는 말이다. 살리는 것이 무엇인지 그 의미를 알게 된 것이다.

커피콩이 변화되어야 수많은 대중에게 사랑받는다. 커피가 시고 달콤한 향을 품는다. 바리스타의 콩을 볶는 과정을 통과함으로 된다.

커피 콩이 그윽한 향을 품은 커피로, 설교자는 깊은 묵상의 과정을 통해 그리스도의 향기를 내는 존재로 변한다. 설교자는 바리스타가 커피를 볶듯이 묵상해야 한다. 내 존재를 살리신 분의 향을 덧입을 때까지 묵상해야 한다. 이런 설교자가 살리는 설교를 한다.

살 리 는 설 교

이지철 목사

품는 교회 협력 목사이자 Next 세대 연구소 연구원이다.
저서로는 《우리는 장난감과 산다》, 《설교 트렌드 2025》 등이 있다.

Chapter 5

챗GPT가 아니라 독서와 글쓰기가 설교를 살린다

살리는 설교

1

독서와 글쓰기가
설교를 살린다

설교가 죽었다

설교가 죽었다. 바로 어제 들은 말씀도 잘 생각이 나지 않는다.

"지난 주 말씀이 뭐였더라? 생각나?"

"아니…? 잘 모르겠는데… 뭐였더라? 어떻게 며칠 전 말씀도 생각이 안나지?"

어느 부부의 대화이다. 너나 할 것 없이 바로 어제 들은 말씀도 생각이 잘 나지 않는 망각의 삶을 살고 있는 요즘이다.

성경 말씀을 뇌리에 남지 못하도록 집중력을 빼앗아 가는 것들이 도처에 널려 있다. 도파민을 유발하는 짧은 영상들이 넘쳐나는 요즘, 사람들의 집중력 또한 점점 짧아지고 있다. 어떤 화면에든 47초 이상을 집중하지 못한다는 연구 결과도 있다. 이런 상황에서 목사님의 설교 말씀을 집중하면서 듣고, 기억하는 일이란 쉽지 않은 일이다. 아주 어려운 일이다.

기억에 남지 않는 설교는 죽은 설교이다. 반면, 기억에 남는 설교는 살아있는 설교이다. 목회자가 말씀을 선포하며 기대하는 바는 하나님의 말씀을 듣는 청중이 깊이 생각하여 삶의 변화를 이끌어내는 것이다. 청중이 삶의 변화를 통해 청중 자신과 세상과 하나님을 더욱 사랑하게 하는 것이다. 그런데 청중이 선포된 말씀을 기억하지 못한다면 그 말씀대로 살아갈 수 있을리 만무하다. 하나님의 말씀에 오류가 있는 것이 아니라면 목회자가 하나님의 말씀을 전달하는 방법에 문제가 있다고 할 수 있겠다.

설교자는 완전한 하나님의 말씀을 인간의 언어와 표현 방식으로 잘 변형하여 청중에게 전달해야 한다. 청중을 선포되는 말씀에 최소 15분 이상 집중하게 붙들어 둘 방법은 무엇일까? 선포된 말씀이 청중의 뇌리에 남게 하는 방법은 무엇일까? 살아있는 말씀이 되게 하는 방법은 무엇일까?

기억나는 설교가 되게 하는 레시피는 3가지다

목회자를 통해 선포된 말씀이 청중의 뇌리에 남기 위해서는 특별한 방법이 필요하다. 동일한 텍스트인 성경을 수많은 목회자들이 그들의 언어와 형식으로 전한다. 그런데 어떤 설교자의 말씀은 기억에 아주 잘 남는 반면, 어떤 설교자의 말씀은 들어도 무슨 말인지 모르겠는 경우가 있다.

왜 그럴까? 문제는 하나님의 말씀이 아니라, 그 말씀이 인간의 생각과 언어로 전환되는 과정에서 일어난다. 좋은 설교 작성에 설교자 개인의 고유한 사고의 깊이와 경험, 말씀을 해석하는 능력도 영향을 미친다. 하지만 더욱 중요한 것은 설교자 개인의 독창적인 사고와 결합할 비유, 명문장, 생각할 수 있게 하는 질문이라고 할 수 있다. 기억나는 설교가 되는 레시피 3가지다.

첫째, 설교자는 비유의 달인이 되어야 한다. 비유는 추상적인 개념을 구체화시킨다. 그 뜻이 명확하지 않고 뜬구름처럼 느껴지는 개념들을 청중이 더 쉽게 이해할 수 있도록 도와준다. 좋은 비유는 명문장으로도 남아 어려운 설교를 한 문장으로 정리할 수 있도록 해 준다. 비유는 청중으로 하여금 그 다음 내용을 기대하게 한다. 어떻게 이 비유를 풀어갈까를 궁금하게 만든다. 궁금증과 호기심은 집중력을 유지하는 좋은 방법이다.

둘째, 설교자는 명문장을 쓸 수 있어야 한다. 설교자는 성경 텍스트를 기반으로 글을 쓰면서 복잡한 생각을 정리한다. 청자의 행동 변화를 촉진하는 명문장은 명확하고 힘 있게 청자의 기억에 조각된다. 명문장을 구사하는 설교자의 설교는 청중의 기대감을 자극한다. 청자는 명문장을 기록하고 되새긴다. 명문장은 청자의 기억뿐만 아니라 청자의 언어를 통해 타인에게까지 전달되는 힘을 갖는다. 장기 기억으로 전환된 말씀은 청자의 삶에 쌓인다. 말씀과 함께 쌓인 명문장은 말씀이 구체적으로 삶에 적용되는 큰 원동력이 된다.

셋째, 설교자는 좋은 질문을 할 수 있어야 한다. 청중의 사고를 자극하는 질문, 창의적이고 날카로운 질문은 청중이 자신의 생각과 설교 내용을 연결하는 데 도움을 준다. 좋은 질문은 일방적으로 답을 던져 주는 것이 아니라 청중으로 하여금 스스로 생각하게 한다. 스스로 생각하지 않은 채 주입식으로 던져진 문장들은 물거품으로 사라지기 쉽다. 청중이 질문에 대한 답을 능동적으로 찾아갈 때, 질문은 청중의 삶과 융합하게 된다.

청중이 설교의 질문을 통해 찾은 답은 삶을 변화시키는 생동감 넘치는 적용점이 된다. 설교자가 일방적으로 던져주는 적용점이 아닌 청중 자신이 찾아낸 적용점이 결국 청중의 삶을 변화하게 한다.

설교를 살리는 비결은 독서와 글쓰기다

죽은 설교를 살려내 살아있는 설교가 되게 하는 세 가지 방법은 앞에서 언급한 비유, 명문장, 좋은 질문이다. 설교자가 이 세 가지를 자유자재로 사용할 수 있으려면 평소에 독서와 글쓰기 수련이 잘 되어 있어야 한다. 기도와 묵상이 필수이지만, 독서와 글쓰기가 없다면 잘 쌓아놓은 기도와 깊이 숙성된 묵상을 효과적으로 풀어낼 수 없다.

일반 작가들도 좋은 글을 쓰기 위해 부단히 노력한다. 매일 각자가 정한 분량의 글을 쓰며, 끊임없이 퇴고한다. 지식과 간접 경험, 필력을 배우기 위해 양질의 도서를 읽는다.

설교자도 설교를 위해 매일 읽고 써야 한다. 책을 읽으면 사고력이 생긴다. 책을 읽고 쓰기까지 하면 창의력이 키워진다. 이것과 저것을 연결할 수 있는 생각의 변환점을 갖게 된다. 설교자 자신만의 독창적인 생각이 키워진다. 설교자의 지식과 경험과 생각과 감성이 어우러진 독창성은 챗 GPT도 따라할 수 없다. 독창적인 눈은 성경의 텍스트를 뻔하지 않은 방법으로 바라보는 새로운 시각을 가져다준다. 새로운 시각은 그동안 청자들이 수없이 들어왔던 뻔한 설교와는 다른 설교를 하게 한다. 청자가 말씀을 듣는 것이 어떤 유튜브를 보는 것보다 더 달다고 고백하게 하고 싶지 않은가?

설교를 살리기 위해서는 부단히 설교자의 언어 능력을 키워야 한다. 《순자》의 권학 편에는 "계이사지 후목부절, 계이사지 금석가루(鍥而舍之, 朽木不折, 鍥而不舍, 金石可鏤)"라는 말이 있다. 자르다가 그만두면 썩은 나무도 자를 수 없지만, 멈추지 않고 새기면 쇠와 바위도 조각할 수 있다는 뜻이다. 매일매일 계속되는 읽기와 쓰기는 설교자의 설교를 숙성시킨다. 하나님의 말씀이 청중에게로 더 온전히 다가갈 수 있도록 돕는다.

들리는 설교, 살리는 설교, 생각하게 하는 설교, 결단하게 하는 설교를 만드는 제일의 방법은 독서와 글쓰기이다. 설교는 하나님의 말씀을 인간의 언어로 풀어내는 작업이다. 목회 사역 중 어떤 사역과 비교해도 그 중요성이 뒤떨어지지 않는다. 어쩌면 제일 중요한 일이라고도 할 수 있다. 이런 신성한 일을 대함에 있어서 설교자는 열과 성을 다하여 인간 언어의 특징과 형식을 살려 자신만의 고유함과 결합하려고 노력해야 한다.

설교자는 청자를 살려 결단이 일어나는 설교를 해야 한다. 설교는 설교자 개인이라는 통역사를 통하여 하나님의 말씀이 청중에게 전달되는 결과물이다. 청자는 이 결과물을 듣고 살아나기를 원한다. 자신의 삶에 결단이 일어나기를 원한다. 삶을 변화시키기를 원한다. 하나님을 더욱 사랑하여 자신과 이웃을 사랑하기 원하고, 말씀이 실제의 삶 속에 역사하는 것을 경험하기 원한다. 청자의 삶이 변화되는 것에 설교자의 독서와 글쓰기가 필수라면 안 할 이유가 없고 미룰 이유가 없다. 지금부터 독서와 글쓰기로 청중을 살려야 한다.

박혜정 선교사

알바니아 선교사이자 GMP 개발연구위원이다.
저서로는 《오늘도 삶의 노래를 쓴다》, 《설교트렌드 2025》 등이 있다.

2

발효된 준비가
설교자와 청중을 살린다

설교 준비가 세상을 살린다

발효는 생명이다. 세균에 감염된 사람은 질병으로 죽는다. 그 사람을 살리려면 약물을 투여해야 한다. 그 대표적인 약물이 바로 페니실린(penicillin)이다. 페니실린은 항생제로 세균 감염을 치료한다. 환자를 건강한 몸으로 회복시켜 일상생활을 할 수 있게 도와준다.

페니실린의 또 다른 이름은 '인류를 구한 곰팡이'다. 휴가에서 돌아온 플레밍은 푸른색 곰팡이 주변의 포도상구균이 깨끗하게 녹아 있는 것을 발견한다. 곰팡이가 생산해 내는 물질이 강력한 항균작용을 발휘함을 깨달았다. 그는 곰팡이를 배양해 페니실린을 만들었다. 페니실린을 인류를 살린 곰팡이라고 부르는 이유다.

우리는 일상생활에서 곰팡이를 많이 접한다. 바로 발효다. 발효는 음식에 곰팡이가 피어 사람을 이롭게 하는 작용이다. 발효에는 여러 장점이 있다. 음식 재료의 맛과 향미를 오래 보존한다. 발효된 된장, 고추장, 청국장은 오래될수록 그 효과가 탁월하다. 발효 음식은 장내에 도움을 주고 나쁜 병원균을 쫓아내는 공급원이다. 발효된 식품은 소화가 잘되므로 음식을 섭취한 후에 더부룩한 증상이 나타나지 않는다. 발효 과정에서 영양분이 흡수되어 바이오틴과 같은 피부에 좋은 영양소를 합성한다. 사람 몸에 질병을 나타내는 염증 수치를 줄여주는 효과도 있다. 발효 식품은 대부분 다이어트 음식이다. 체중감소와 개선에 상관관계가 있다. 발효 음식에는 신경전달물질이 내장되어 있다. 도파민과 세로토닌이다. 이런 이유로 발효 식품이 기분 전환도 시켜준다.

설교도 발효한 뒤 해야 한다. 설교가 발효되었다는 것은 설교준비가 잘 된 것을 뜻한다. 페니실린이 사람을 살렸듯이, 발효된 설교가 청중을 살린다.

발효가 잘 된 음식의 특징이 있다. 잘 숙성된 된장과 고추장은 사람의 입맛을 살린다. 또 먹고 싶은 맛인 감칠맛을 낸다. 발효를 발견한 벤저민 프랭클린(Franklin, Benjamin)은 준비의 가치를 이렇게 말한다. "준비에 실패하는 것은 실패를 준비하는 것이다." 준비 실패가 실패를 준비했다고 한다. 삶에서 준비 없는 도전은 실패를 가져온다. 충분한 준비가 없다면 실패는 피할 수 없는 결과다.

링컨(Lincoln, Abraham)은 "나에게 여덟 시간을 주시오. 그러면 나무 한 그루를 찍어 넘기겠습니다."고 말한다. 여덟 시간 가운데 여섯 시간은 도끼날을 날카롭게 가는 준비에 사용한다고 한다. 도구를 갖추고, 계획을 세우는 준비가 있어야 함을 피력한다.

설교자도 잘 준비해야 한다. 설교가 발효되도록 준비해야 한다. 발효될 때까지 준비된 설교가 영혼을 살린다.

발효되는 설교자가 될 것인가? 부패한 설교자가 될 것인가?

설교자를 굳이 구분하자면 발효된 설교자와 부패된 설교자가 있다. 발효된 설교자와 부패된 설교자의 차이는 종이 한 장 차이이다. 음식물에 곰팡이가 피는 것은 같은 작은 차이다.

발효된 음식인 김치, 치즈, 전통장류, 젓갈 등은 사람에게 이롭고 감칠맛을 준다. 부패한 음식은 사람에게 해롭고 악취로 먹을 수 없도록 한다.

음식의 발효와 부패 과정은 눈으로 확인이 안 된다. 발효된 설교자인지 부패한 설교자인지 확인할 수 없기에 많은 설교자가 자신은 발효가 됐다고 생각한다. 변화가 일어났기 때문에 발효된 설교자라 착각할 수 있다. 설교자는 발효해야 한다. 발효에는 오랜 시간이 걸린다. 오랜 시간을 참고 견디어야 한다. 그런 설교자는 설교의 효과를 발휘한다.

피카소는 레스토랑에서 우연히 만난 여성 팬으로부터 제안을 받는다. 그림 값을 치를 테니 지금 여기서 그림을 그려달라는 요청을 받았다. 당시 피카소는 여성이 내민 냅킨에 30초 만에 그림을 그리고는 그림 값으로 100만 달러를 요구한다. 여성은 30초 만에 그린 그림에 100만 달러는 너무 과하다며 놀란다. 피카소는 그녀에게 이렇게 말한다. "30초가 아닙니다. 40년 30초가 걸린 그림입니다." 이 이야기는 아소 사이 키의 《사람이 돈이 따르는 센스 있는 3초 표현》에 나오는 내용이다.

피카소(Picasso, Pablo)가 냅킨에 그린 그림을 완성할 때까지 걸린 시간이 40년 30초인 것처럼 설교자의 설교는 수십 년의 인생이 발효된 결과물이다.

발효가 잘된 설교가 청중에게 유익을 선물한다. 발효된 설교자가 청중을 살린다. 설교자가 발효시킬 것은 설교다. 사도 바울은 아라비아 광야에서 삼 년간 자신을 발효시켰다. 주님을 만나기 전에 자신이 믿고 따르고 신봉했던 것이 잘못되었다는 것을 깨달았다.

그 후 회개하고 광야에서 삼 년간 주님을 위해 자신을 발효시켰다. 그 결과 땅 끝까지 주의 복음을 전하는 자로 남았다. 사도 바울의 이야기는 설교자가 따라야 한다. 발효시킨 설교자의 아름다운 모습이기 때문이다.

발효시키기는커녕 부패한 선지자가 있다. 역대하 18장에 나오는 시드기야다. 당시 이스라엘 왕 아합은 전쟁에 앞서 선지자에게 그 결과를 묻는다. 미가야는 이스라엘이 길르앗 라못 전쟁에서 패한다며 하나님의 말씀을 전한다. 시드기야는 철로 뿔들을 만들어 가지고 와서 여호와의 말씀을 선포한다. 왕이 이것들로 아람 사람 진멸로 승리를 예언한다. 승리의 소식을 들은 여러 선지자도 시드기야가 한 말에 동조한다. 부패한 시드기야의 말이기에 그의 말은 거짓이었다. 나중에 그의 말은 거짓임이 탄로 난다. 부패한 선지자는 청중을 살리지 못하고 청중을 죽인다.

시드기야는 선지자다, 처음부터 부패한 선지자가 아니었다. 그가 자신을 발효시키는 시간을 갖지 못했거나 발효되는 과정을 거치지 않았기에 부패했다.

우리도 부패한 설교자일 수 있다. 설교자 자신의 의도와는 상관없이 부패할 수 있다. 한번 부패한 음식은 발효되지 않는다. 부패한 설교자는 발효되지 못한다. 설교자는 발효된 설교자로 준비해야 한다. 설교자가 발효되면 청중을 살린다. 청중을 웃게 만든다.

독서와 글쓰기로 발효를 완성하라

설교자는 독서와 글쓰기로 발효해야 한다. 독서와 글쓰기로 발효시키는 것이 쉽지 않고 어렵다. 독서와 글쓰기가 어려우므로 어느 지점에 가면 중도 포기가 속출한다. 포기하는 순간 그 설교자는 이것도 저것도 아닌 어중간한 위치에 선다. 다시 돌아가려니 창피하고, 앞으로 나아가자니 힘들어 괴롭다.

독서와 글쓰기가 어려우니 설교자들은 설교가 급속 발효되길 바란다. 즉 인스턴트 발효다. 인스턴트 발효로 만들어진 설교는 잠깐 청중을 만족시키지만 영혼을 살리지는 못한다. 설교를 발효시키려면 일정 기간에 많은 양을 인풋 해야 한다. 많은 양을 인풋하면 생각이 달라진다. 생각이 달라지면 발효가 시작된다.

필자는 부패하지 않고 발효되기 위해 독서와 글쓰기를 한다. 일주일에 35시간 독서를 하고 글을 쓴다. 하루에 5시간 꼴이다. 주일 예배를 마친 날에도 발효하는 자리로 나아간다. 자신을 독서와 글쓰기로 발효하는 것은 쉽지 않다. 주일을 마친 뒤에는 쉬고 싶고, 가족과 시간을 보내고 싶다. 힘들기에 때때로 의자에 앉아 눈물 아닌 물이 흘러내린다. 자신을 발효해야 하기에 참고 견딘다. 참고 견디지 않으면 부패하여 악취 풍기는 설교자로 남을 수 있다는 두려움 때문이다.

무라카미 하루키는 "춤을 추는 거야, 음악이 계속되는 한"이라고 말한다. 이 글은 허정원의 《생각의 공간》에 나온다. 사람마다 주어진 생의 모든 순간이 음악이다. 어떤 춤을 출지는 각자의 선택이다.

설교자로서 살아가는 모든 순간은 발효되어야 한다. 설교자는 언제나 청중을 살리는 발효를 할 것인지, 청중에게 악취를 풍기는 부패가 될 것인지를 고민해야 한다. 설교를 위한 춤을 설교를 하는 한 추어야 한다. 주변에서 아무리 좋은 말로 권면하고 응원해도, 춤을 추지 않는다면 소용이 없다. 춤을 출 바에는 부패가 아닌 발효의 춤을 추어야 한다. 발효돼 청중을 살리는 설교자가 되어야 하기 때문이다.

최재천은 《숙론》에서 이렇게 말한다. "사람은 출발선을 들고 다니는 동물이다." 필자도 이 말을 귀담아듣는다. 피곤하고 지칠 때 이 말에서 위로를 받고 힘을 얻는다. 많은 설교자 중에 자신의 설교를 발효한 설교자가 부지기수다. 우리도 그 중 한 설교자여야 한다.

자신을 발효한 설교자가 되기 위해 지금 출발해야 한다. 마음을 가다듬고 주저함 없이 출발해야 한다. 출발해야 발효라는 목적지에 도달한다. '천 리 길도 한 걸음부터'라는 속담처럼 한 걸음을 내딛어야 한다. 나이가 많다고 주저하지 말아야 한다. 늘 듣던 말처럼 지금 출발이 가장 빠르다. 당장 한 걸음 내딛으면 된다. 지금 나아가 발효된 만큼 청중을 살리는 설교자가 된다.

청중을 죽이는 설교자가 되기 위해 목회에 입문하지 않았다. 청중을 살리기 위해 설교자가 되었다. 독서와 글쓰기로 자신을 발효시켜 청중을 살리는 설교자가 돼야 한다.

허진곤 목사

무주 금평교회 담임목사이다.
저서로는 《설교트렌드 2025》, 《다음 역도 문학녘》등이 있다.

3

잘 쓴 문장 하나가
열 마디 말보다 낫다

잘 쓴 문장 하나가 사람을 변화시킨다

잘 쓴 한 문장에는 사람을 변화시키는 능력이 있다. 2024년 노벨 문학상을 우리나라 작가 한강이 수상했다. 이번 수상은 한국인 최초의 노벨 문학상이며, 아시아 여성 작가로도 최초다. 수상을 전혀 예상하지 못한 작가는 아들과 함께 저녁을 먹다 수상 소식을 들었다고 한다.

엄마의 노벨 문학상 수상 소식을 함께 들은 아들은 사실 태어나지 못할 수도 있었다. 한강은 자녀를 낳지 않을 생각이었다. 작가의 자전적 소설《침묵》에 아이를 낳지 않겠다는 작가를 설득하는 남편의 내용이 담겨 있다.

"결혼한 지 이태가 되어가던 겨울, 그 문제에 대해 그와 긴 이야기를 나눈 적이 있다. 조심스럽게 그는 말한다.

그래도 세상은, 살아갈 만도 하잖아?

세상이 아름다운 순간들이 분명히 있고, 현재로선 살아갈 만하다고 나는 대답한다.

그렇다면 한 번 살아보게 한다 해도 죄짓는 일은 아니잖아.

세상에 맛있는 게 얼마나 많아. 여름엔 수박도 달고, 봄에는 참외도 있고, 목마를 땐 물도 달잖아. 그런 거, 다 맛보게 해주고 싶지 않아? 빗소리도 듣게 하고, 눈 오는 것도 보게 해주고 싶지 않아?"

한강은 자신이 자녀를 낳기로 한 이유를 이렇게 말한다. "다른 건 몰라도 여름에 수박이 달다는 것은 분명한 진실로 느껴졌기 때문이다."

작가는 아들을 낳았고, 아들은 엄마의 노벨 문학상 수상을 축하해 주었다. 많은 독자가 작가의 글을 보고 힘과 위로를 얻었다. 얼마나 많은 부부가 자녀를 낳기 위해 고민했을까? 작가의 진심 어린 한 문장이 많은 예비 부모의 가슴에 감동을 준다.

김훈 작가는《칼의 노래》를 쓸 당시 첫 문장을 쓰기 위해 며칠을 고민했다. 고민 끝에 쓴 문장은 "버려진 섬마다 꽃이 피었다."였다. 이

문장은 한국 문학사에서도 손꼽을 만큼 뛰어나다는 평가를 받는다.

한 문장을 쓰는데 이렇고 공을 들이는 이유는 잘 쓴 문장 하나가 사람을 변화시키는 능력이 있기 때문이다. 성경은 영혼을 변화시키는 문장들로 구성되어 있다.

"모든 성경은 하나님의 감동으로 된 것으로 교훈과 책망과 바르게 함과 의로 교육하기에 유익하니."(딤후 3:16)

모든 성경은 하나님의 감동으로 기록된 것이다. 설교자는 하나님의 감동으로 기록된 말씀을 전하는 사람이다. 설교자가 잘 준비한 한 문장은 사람을 넘어 영혼을 변화시킬 능력을 갖는다.

작가가 한 문장을 쓰기 위해 오랜 시간 고민하듯 설교자도 한 문장을 완성하기 위해 오랜 시간 노력해야 한다. 한강 작가는 자기 경험을 소설에 녹여낸다. 그런 글이 모여 노벨 문학상이라는 열매를 맺은 것이다. 설교자가 잘 작성한 설교문이 많은 영혼을 변화시키는 열매를 맺을 수 있다.

정보를 담지 말고 영혼을 담기 위해 노력하라

설교의 목적은 정보 전달이 아니다. 영혼을 변화시켜 구원에 이르게 하는 것이다. 정보 전달은 검색으로 얼마든지 가능하다. 챗GPT 만큼 검색에 능한 것도 없다. 원하는 정보를 쉽게 찾아준다. 이세돌과 바둑 대결을 펼친 알파고는 5달 동안 128만 번의 가상 대국을 펼쳤다. 사람은 평생 할 수 없는 불가능한 숫자다. 지금은 사람이 하지 못하는 것을 인공지능이 대체하고 있다. 이제는 인공지능이 운전도 해주는 날이 머지않았다. 전문가들은 인공지능으로 인해 우리 삶은 더 편하고 쉬워질 것이라고 말한다. 많은 사람이 편하고 쉬운 삶을 기대한다. 그러나 쉽다고 다 좋은 것이 아니다.

요리사 100명이 함께 나와 요리 실력을 뽐내는 프로그램이 있다. 100명의 요리사는 자신이 가장 자신 있어 하는 요리를 100분 안에 만들어 평가받는다. 그중 한 요리사가 일본 라면을 만든다. 일본 라면은 돼지 뼈를 오랜 시간 우려낸 육수로 만들어야 하기 때문에 100분의 시간은 턱없이 부족하다. 요리사는 자신이 100분 만에 만들 수 있는 요리 기법을 개발했다며 야심차게 라면 요리를 시작한다. 결과는 탈락이었다. 심사위원은 불합격을 주면서 국물이 너무 연하다고 말한다. 100분으로는 100시간의 국물을 이기지 못했다.

깊은 맛은 오랜 시간이 걸린다. 미역국도 오래 끓인 미역국이 맛있다. 어머니가 정성으로 끓인 미역국에는 인스턴트 미역국으로는 따라올 수 없는 맛이 난다. 쉬운 것만 찾는 사람은 인스턴트 음식만 먹어야 한다.

살리는 설교를 하기 위해서는 쉬운 것만 찾아서는 안 된다. 영혼을 살리는 설교자라면 설교에 정보를 담기보다는 영혼을 담기 위해 노력해야 한다. 영혼을 담아내는 과정은 수고와 시간이 걸린다.

많은 분야에 천재들이 있다. 최연소라는 타이틀을 달고 얼마나 뛰어난 능력이 있는지 자랑한다. 그러나 설교에 천재는 없다. 최연소라는 타이틀도 없다. 설교도 오래 끓일수록 깊은 맛이 나기 시작한다. 설교자의 경험, 체험, 간증, 깨달음이 문장으로 완성돼 청중에게 들릴 때 영혼이 살아나는 설교가 된다.

적은 금액이지만 중고 거래 사기를 당한 적이 있다. 사기를 당했다는 사실을 알았을 때 경험해 보지 못한 감정을 느꼈다. 자신이 한심스럽고 세상이 원망스러웠다. 한동안 일을 손에 잡을 수 없었다. 생각보다 꽤 오랜 시간 우울한 감정에 빠져 있었다. 이런 감정이 아물어 갈 때쯤 청년, 청소년 집회에서 말씀을 전할 기회가 생겼다. 그곳에서 말씀을 전하면서 사기당했던 경험을 이야기했다.

"똑똑하다고 생각했던 사람도 사기를 당한다. 세상은 우리 생각보다 더 교묘하다. 사기를 당한 것은 우리 잘못이 아니다. 열 사람 한 도둑 못 잡는다는 말이 있다. 사기를 친 사람 잘못이다. 그러나 사기를 당하면 자신이 죄인이 된 것 같은 생각이 든다. 아니다. 하나님은 사기 친 사람이 아니라 사기당한 사람과 함께 하신다."

집회가 끝나고 담당 사역자가 찾아와 감사하다고 말했다. 이번

집회에 대출 사기를 당한 청년이 참석했는데 오늘 말씀을 듣고 많은 위로를 받았다는 것이다. 설교자의 경험과 고민이 들어간 설교가 영혼을 살릴 수 있다.

인공지능과 설교자가 다른 것은 설교자는 늘 고민한다는 것이다. 설교를 작성하는 것은 연속된 고민의 결과다. 말씀을 묵상해야 하고, 청중의 상황을 살펴야 하고, 자신의 삶을 돌아보아야 한다. 그러나 이런 고민이야말로 설교자를 살리는 설교를 하는 설교자로 만들어 준다.

챗GPT가 전해주는 많은 정보가 좋은 자료가 될 수는 있다. 그러나 그 안에는 설교자의 고민이 없다. 고민하는 것이야말로 인간을 인간답게 만든다. 챗GPT는 삶이 없다. 챗GPT는 육체도 없고 어린 시절의 기억도 없으며 책임감도 없다. 하나님을 경험한 적도 없고 은혜를 받은 적도 없다.

챗GPT가 쏟아내는 정보는 분명 많은 도움이 된다. 그러나 무의미한 정보만 말하는 것보다, 설교자의 고민이 담긴 한 문장이 훨씬 능력이 있다.

독일 비밀경찰을 피해 가족과 숨어 살아야 했던 안네 프랑크는 이런 글을 썼다.

"아마 당신도 1년 반이나 갇혀서 지낸다면 종종 견딜 수 없게 될 때가 있을 거예요."

안네는 오랜 시간 숨어 지내던 상황을 글로 표현한다. 이 글을 보면서 안네가 얼마나 갇혀 있었나를 궁금해하는 사람은 별로 없을 것이다. 오랜 시간 갇혀 있던 한 소녀의 상황에 공감하고 함께 답답해했을 것이다. 안네의 일기에는 정보가 아니라 안네라는 한 사람의 영혼이 담겨 있다. 안네의 일기가 지금까지 많은 사람에게 사랑받고 있는 이유다.

말 잘하는 사람이 아니라 글 잘 쓰는 사람이 되라

유대인의 역사는 고난의 역사다. 유대인들은 오랜 시간 '디아스포라'(diaspora)로 불렸다. 흩어진 사람들이라는 뜻이다. 그래서인지 유대인의 생존 능력은 그 어떤 민족보다 뛰어나다. 그 중심에 있는 것이 글쓰기다. 유대인은 그 어느 민족보다 글과 쓰기에 적극적이었다.

유대인의 믿음과 신앙의 전승에 있어서 글쓰기는 중요한 수단이었다. 《옥스퍼드 근동 고고학 백과사전》의 편집자 에릭 메이어스는 "고대 이스라엘에서는 글쓰기가 종교 생활에서 없어서는 안 될 위치를 차지했다."라고 말한다.

유대인에게 있어 자녀에게 상속할 유산은 돈이 아니었다. 첫 번째 유산은 믿음, 두 번째 유산은 경전, 세 번째 유산이 생각하는 힘과 글로 표현할 수 있는 능력이다.

설교자도 자신이 받은 은혜를 글로 쓰는 능력이 있어야 한다. 설교자는 말만 잘하는 사람이 되어서는 안 된다. 말은 사라진다. 그러나 글은 남는다. 설교자가 쓰는 모든 글은 설교자를 성장시킨다. 설교자는 영혼을 살리기 위해 고민하고, 자신의 고민을 설교문으로 풀어내는 사람이 되어야 한다. 말은 쉽다. 그러나 글로 쓰기는 어렵다.

글쓰기가 어려운 이유는 익숙하지 않기 때문이다. 10년을 설교해도 글쓰기는 익숙해지기 어렵다. 제대로 배운 적이 없기 때문이다. 어떤 일이든 기초가 중요하다. 아쉽게도 우리는 글쓰기를 배우지 못했다. 설교 작성법을 배워도 글쓰기는 배우지 않는다. 지금까지 설교자들의 글쓰기는 개인 능력에 의지했다. 이제는 글쓰기를 배워야 한다. 글쓰기를 배워 명문장을 설교에 담아야 한다.

세상은 하루가 다르게 변해가고 있다. 좀 더 편하게, 좀 더 쉽게 살아가는 방법이 나타난다. 설교도 쉽게 하려고 한다. 그러나 설교는 쉽고 편하게 갈 수 없다.

아무리 챗GPT가 도움을 줄 수 있다고 해도 설교자는 한 줄의 설교에 자신의 고민과 노력을 담아야 한다. 오래 끓인 국이 진국인 것처럼 설교자의 깊은 생각이 들어가 한 줄의 명문장으로 완성된 설교가 영혼의 영양을 책임질 것이다.

김현수 목사

행복한나무교회 담임이다.
저서로는 《메마른 가지에 꽃이 피듯》, 《설교트렌드 2025》 등이 있다.

4

할루시네이션인가? 진리인가?

챗GPT는 친근한 도구다

현대사회는 끊임없이 변화한다. 인공지능은 우리에게 떼어 낼 수 없는 개념이 되었다. MZ세대, 알파세대의 좋은 친구는 챗GPT다. 필자의 딸들은 빅스비와 끝말잇기 놀이, 수수께끼를 풀며 재미있게 논다. 아이폰을 사용해 시리에게 글을 써 달라고 한다. 유튜브의 광고를 없애 달라고 한다. 길을 잃었을 때 빅스비에게 자신이 지금 있는 위치를 알려달라고 한다. 이런 시대에 설교자도 인공지능 시대에서 벗어나기 어렵다.

〈월간목회〉 24년 8월호 특집 - '설교의 본질을 지키며 생성형 AI를 활용하라'글에서 조성실 목사는 이렇게 말한다. "생성형 AI의 활용은 설교 작성 과정의 여러 단계에서 설교자에게 유용한 도구가 될 수 있다. 특히, 본문연구, 한 문장으로의 요약, 설교 형식 결정, 설교 개요 작성, 보충 자료 수집 등의 단계에서 AI는 방대한 데이터를 처리하고 분석하여 설교자의 작업 효율성을 높일 수 있다."

설교자는 챗GPT를 활용한다. 챗GPT없이 살기 어렵기 때문이다. 혹자는 이렇게 말한다. 챗GPT를 도구로서 잘 활용하면 목회에 큰 도움이 된다. 그의 말처럼 챗GPT는 설교 도구로서 나무랄 때가 없다. 챗GPT가 점점 발전해 설교에 도움이 된다는 것은 희소식이다.

챗GPT는 도움도 주지만 그에 상응하는 문제도 있다. 챗GPT를 위시한 대부분의 인공지능의 치명적인 약점은 검증받지 못한 정보에 취약하다. 검증받지 못한 정보는 가짜가 많다. 가짜 정보는 설교자에게 큰 피해를 입힌다.

챗GPT 속에서 발견되는 가짜정보들

한창 챗GPT가 유행할 때 필자도 환승을 했다. 아무래도 전공학과가 신학전공 이전에 멀티미디어 공대 출신이다 보니, 더욱 흥미가 많았다. 인공지능을 일명 대화형 도구라고 한다. 대화형 도구라 아는 질문 또는 모르는 질문을 마구마구 던졌다. 챗GPT는 생각보다 대답을 잘해서 오기가 발동했다. '어디 네가 모르는 정보를 캐내고 말겠다'는 생각까지 했다. 결국 특정 취미를 가진 사람만 알 수 있는 몇 가지 질문을 했다. "마징가Z와 태권브이가 싸우면 누가 이기게 될지를 이들의 특징을 잘 잡아서 설명해줘." 상당히 유치한 질문이지만 나름 진지한 질문이었다. 어릴 적 즐겨 보았던 자신의 최애 로봇 중 누가 이기는지 궁금해 하지 않은 남자 아이가 있을까? 탁월하고 오류가 없을 것 같은 챗GPT의 문제가 드러났다. 챗GPT가 알려주는 정보에 가짜정보가 진짜처럼 섞여 있었다. 이 문제를 통틀어 '할루시네이션'이라고 한다.

할루시네이션 문제는 얼마 전에 우리사회를 떠들썩하게 했던 딥페이크 문제와 다르지 않다. BBC뉴스는 2024년 3월 6일자 뉴스에서 미국 대선에 도널드 트럼프 지지자들이 AI를 통해 흑인 유권자 공략을 한 것은 애교로 볼 수 있다고 말한다. KBS의 2024년 8월 30일자 뉴스에서는 딥페이크 피해의 심각성을 일깨워준다. 자기 반 교사와 학생의 사진을 이용해 딥페이크를 만들려던 한 중학생이 검거되기도 했다.

설교자도 챗GPT 사용에 있어서 진실을 고려하지 않고 무의식적으로 가짜정보를 사용하면 안 된다. 설교를 듣는 청중이 슬퍼한다. 코람데오닷컴(https://www.kscoramdeo.com/)에 특별기고인 '지피티(ChatGPT)시대의 목회와 설교'에서 가짜정보를 사용하는 챗GPT에 대해 우병훈 교수는 세 가지로 말한다.

첫째, 잘못된 정보를 진짜인 것처럼 버젓이 표현한다. 예를 들어 어거스틴이 시편주석을 언제 썼냐고 물어보면 400년에서 430년 사이라 하는데, 실제는 92년에서 420년이다. 전문가가 아닌 이상 알 길이 없다. 예화부터 설교에 오류가 생긴다.

둘째, 남의 아이디어나 자료를 표절해서 가져다준다. 한때 AI가 그리는 그림의 얼굴의 원본이나 사진 출처 때문에 한동안 법적인 공방이 왔다 갔다 했다. 지금은 출처를 알려주는 방향으로 업그레이드 되었지만 여전히 자료 속 알 수 없는 출처가 도사리고 있다. 설교 속 진실 됨이 사라진다.

셋째, 같은 질문에 대해 비슷한 대답을 한다. '페러라이징'이라고 AI가 다른 사람의 글을 매끄럽게 적어주는 서비스를 이용해본 적이 있다. 어떤 글을 사용하든 비슷하게 요약하는 것을 보고 아직 멀었다는 생각이 든다. 설교를 들어야 되는 청중의 입장에서 지루함이 넘쳐나게 된다.

챗GPT를 무분별하게 사용한다면 어찌 될까? 부족한 내용을 거짓으로 채운 부분을 진짜 인양 말하게 된다.

설교자는 거짓을 진짜처럼 보이게 하는 할루시네이션을 조심해야 한다. 이런 문제가 요즘만 있었던 것이 아니다. 옛날에도 가짜뉴스, 가짜 예화로 설교자는 큰 실수를 하곤 했다. 설교자는 출처가 명확하고 검증받은 자료를 써야 한다.

출처가 확실한 것은 독서다. 챗GPT 검증에 독서가 필수다. 챗GPT에 의지할 것이 아니라 독서와 글쓰기로 설교를 만들어야 한다. 단순히 도구만 쓰게 되면, 설교자의 삶과 체험을 반영하기 어렵다. 특히 생명에 관한 내용은 설교에 담을 수가 없다. 살리는 설교는 요원하게 된다.

트렌드연구소의 《챗GPT의 거짓말》에서 이렇게 말한다. 2023년 기준으로 2년 전인 2021년까지 인터넷에 축적된 데이터를 학습한다고 한다. 물론 2년 전에 데이터를 사용해서 최신자료가 없다고 별거 아니네라고 생각할 수 있다. 그러나 그 속의 프로그램은 계속해서 사용자의 언어패턴을 학습하고 분석하고 자료를 누적해서 바꾸어 나가며 자신만의 최신 자료로 바꾸어 나간다. 문제는 그 누적된 언어는 마치 잘못된 정보조차도 옳은 것처럼 사용자를 속일 수 있다는 것이다.

서영상의 《챗GPT의 시대》에서 AI안에 데이터가 한쪽으로 치우쳐져 있거나 특정 그룹에 대한 편견을 포함하고 있다면 AI의 예측과 결과 또한 편향되거나 불공정 할 수 있다고 말한다. 이러한 문제를 해결하기 위한 연구와 법정 규정, 윤리적 가이드라인도 필요하다고 본다. 할루시네이션이라는 위험을 안고 있는 인공지능 속에서 진짜를 설교하기 위해서는 독서가 필요하다.

살리는 설교는 치열한 공부의 삶을 담아야 한다

챗GPT를 통해서 나오는 내용들은 정보들이 모인 것이다. 송경빈은 《인공지능 구조원리 교과서》에서 챗GPT는 자연스러운 문장 생성을 목적으로 대규모 데이터를 투입해 만든 일종의 자연어 처리 소프트웨어라고 말한다. 이와 같은 인공지능 모델을 대규모 언어모델이라 하는데 자연어 처리와 딥러닝 계열의 여러 기술이 복합적으로 결합되어 만들어진 응용 서비스이다. 결론적으로 많은 기술들이 함께 해 만들어진 언어 프로그램이란 말이다.

혹자는 챗GPT를 인생의 동반자가 아닌 하나의 상품으로 본다. 마치 찬송가가 기록된 오르골과 같다. 우리는 그 오르골의 연주로 은혜를 받을 수는 있다. 곡에 흐르는 내용을 통해서다. 그 오르골이 만드는 곡에 영성이 있지 않다.

챗GPT로 은혜 받을만한 설교를 작성할 수는 있다. 그렇지만 설교 안에 말씀이신 예수가 임할 수는 없다. 진리이신 예수가 담길 수가 없다.

김영봉 목사의 《설교자의 일주일》에는 설교자는 한 사람의 진실한 그리스도인이 되어야 하고 진실한 사람이 되어야 한다고 말한다. 진실이 설교자의 가장 중요한 자산이며 기초이기에 그렇다. 상품 자체가 그리스도인이 될 수 없다. 진실한 사람이 될 수도 없다. 하물며 사람을 살리는 설교일까? 인공지능에서 따온 설교가 청중을 살릴 수 없다.

인공지능은 하나님께서 쓰시는 사람의 심령까지 흉내 내지 못한다. 같은 책에서 김영봉 목사는 말한다. 바울 사도가 수많은 고난과 박해에도 불구하고 복음 전하기를 포기하지 않은 것은 그가 매일의 삶 가운데 경험했던 하나님의 은혜 때문이다. 또한 고난과 박해 가운데서도 짓눌리지 않고 늘 감사와 기쁨으로 살 수 있었던 힘도 매일 하나님의 은혜를 맛보며 살았기 때문이다.

살리는 설교도 마찬가지다. 설교자는 죄에 대한 가책도 느끼고 성령에 대한 예민함도 깊어지고 잃어버린 영혼에 대한 사랑도 강해지고 교회에 대한 애정도 깊어진 사람이 돼야 한다. 진실한 사람, 하나님의 은혜를 맛 본 설교자가 살리는 설교를 할 수 있다. 진리를 담은 설교자가 살리는 설교를 할 수 있다. 챗GPT는 하나님의 사람인 설교자를 흉내 낼 수 없다.

많은 설교자가 챗GPT의 유혹을 받는다. 그 이유 중 하나는 노력하지 않은 정보를 쉽게 찾아주고 있어 보이는 설교 문까지 만들어주기에 그렇다. 챗GPT의 유혹에서 벗어나려면 독서와 글쓰기로 자신의 설교를 만들어야 한다. 독서와 글쓰기는 설교자 개인이 받은 은혜와 감동을 청중 모두에게 줄 수 있는 능력을 만들어준다. 청중을 살리는 설교를 하고자 한다면 챗GPT의 도움보다 독서와 글쓰기의 도움을 받아야 한다.

다시, 살리는 설교의 도구로서의 챗 지피티

2024년에는 챗GPT 이전보다 더 발달했다. 처음에는 버전3으로 시작했는데. 지금은 버전4가 무료다. 버전5에 이르렀다. 2023년에 명확하지 않았던 답변이 더욱 매끄러워졌다. 그리고 탁월해졌다. 실시간으로 검색할 수 있는 정확도도 높아지고, 문법과 언어를 다루는 능력 또한 어마어마해졌다.

《인공지능시대 그리스도인이 꼭 알아야 할 28가지 질문》에서는 여러 유수의 인공지능 개발자와 전문가들이 GPT-4 이후의 개발을 잠시 멈추고 전 세계가 머리를 맞대고 미래의 위험을 맞기 위한 인공지능 법제화를 하자고 제안한다. 전문가들 조차 위기감을 느낀 것이다.

과연 인공지능 개발의 속도를 인위적으로 늦추는 것이 가능할까? 결론부터 말하면 불가능하다. 과학기술은 기본적으로 발전과 발달을 전제로 한다. 멈추면 도태한다는 것이 기본 생각이다. 그리고 이미 글로벌 기업들이 엄청난 예산을 잡고 투자하고 개발에 열을 올리므로 멈출 수 없다.

영화에서나 보던 터미네이터와 스카이넷이라는 거대 인공지능이 세상을 지배하는 날도 얼마 남지 않은 듯하다. 허점이 많다고 얘기한 인공지능이 점점 진짜와 근접해지고 있다. 진짜를 능가하는 인공지능이 지배하는 시대가 된 듯하다. 실제로 앞에서 인용했던 《챗GPT의 거짓말》에서 예화를 보면 실제가 된 것 같다. "2019년 네덜란드 세무당국에서 육아 수당을 허위로 신청하는 사람들을 가려내기 위해 AI 기술을 사용했는데, 이들 분류 과정에서 저임금을 받는 가정이나 소수민족 가정이 의심 대상으로 분류되는 일이 생겼다. 임의로 AI가 잘못된 분류를 했다. 또 다른 사례로는 인공지능이 일부 사용자들의 개인정보를 인터넷상에 노출하는 일도 생겼다. 문제는 이런 인공지능의 판단에 대해 적절한 법적 규제 장치가 없다는 점이다."

그렇다고 우리가 두려워하고 맞설 생각으로만 있을 수는 없다. 우리는 인공지능과 싸우려는 것이 아니라 살리는 설교를 하려는 자들임을 잊어선 안 된다. 설교자는 엄청난 도구인 챗GPT를 어떻게 활용할 것인가의 방향을 잘 잡아야 한다.

이어령의 《너 어떻게 살래》에 이런 말이 나온다. "인간의 불완전성까지 모방, 진짜 인간과 다름없으면서도 동시에 그것을 뛰어넘는 기계 인간. 하지만 아무리 금속으로 부드럽게 하려 해도 손가락은 안 되는 게다. 손의 미세한 움직임이야말로 생명 그 자체를 상징한다. 할 수 없이 장갑을 끼운다. 장갑은 가죽이다. 금속만으로 안 되는 인간의 육체성, 유기물을 빌려야 한다는 사실. 가죽 없이는 진짜 피리를 불지 못한다. 예술은 생명체의 마지막 보루였다."

이어령의 말을 빌리자면, 기계가 할 수 있는 것이 있고, 사람이 할 수 있는 것이 있다. 생명을 가진 이가 할 수 있는 것이 있다는 거다. 세상에는 생명을 생각하는 이들이 해야 할 것이 있고 생명을 생각하지 못하는 기계가 할 일이 있다.

설교자는 생명을 살리는 설교를 하는 사람이다. 생명을 주신 하나님을 전하는 사람이다. 이를 감당하는 것은 생명을 주신 이를 전할 마음을 가져야 한다.

설교자는 챗GPT를 탓하기에 앞서 나는 사람을 살릴 마음이 있는가를 물어야 한다. 예수님도 세금을 거두려는 로마의 도구인 돈을 두고 시저가 그려진 것은 시저에게 하나님의 것은 하나님께 드리라고 말씀한다. 무조건 악하다고 말하지 않았다. 우리도 하나님께 드려질 마음이 준비되었는가를 체크해야 한다.

설교자는 생명을 살리는 사람이다. 우리가 생명을 살리는 준비해야 한다. 이런 준비가 되지 않은 채 도구부터 좋은 것으로 쓰려는 생각을 갖지 않아야 한다. 실제로 신문에서 예화로 쓰기 위해 대부분의 설교자가 챗GPT를 사용하는 방법은 일종의 페러라이징이다. 그저 자신만의 글로 바꿔 쓰는 방법일 뿐이다. 페러라이징을 할 정도면, 차라리 글쓰기를 공부하고 그 안에 신학적인 요소를 넣을 공부 하는 것이 낫다. 굳이 챗GPT를 쓸 필요가 있지 않다.

설교자가 먼저 할 것은 하나님과 연결된 상태를 유지하는 것이다. 그것이 세상의 그 어떤 것도 이길 수 없는 예수의 방법이다. 내가 아버지 안에 있고 아버지께서 내 안에 계심으로 진리를 전해야한다. 그 마음으로 말씀을 전하기로 작정하면 지팡이를 통해 출애굽을 시킨 모세를 사용한 하나님을 보게 될 것이다. 옹기장이 되신 하나님, 예수가 사람을 도구로 쓰며 생명을 살렸듯 그 마음을 독서와 글쓰기를 통해 설교문을 만들어 내는 능력을 채워나가야 한다. 그렇게 인공지능의 시대에 진리로서 생명을 살리는 설교자가 돼야 한다.

이지철 목사

품는 교회 협력 목사이자 Next 세대 연구소 연구원이다.
저서로는 《우리는 장난감과 산다》, 《설교 트렌드 2025》 등이 있다.

Chapter 6

시간을 살려내야 설교가 산다

살리는 설교

1

시간은 자원이므로 최대한 활용하라

시간은 자원이다

시간 관리는 인생 관리다. 하버드 대학에 입학하면 가장 먼저 배우는 것이 시간관리라고 한다. "시간을 관리하는 사람은 자신의 인생을 관리한다." 경영의 아버지라 불리는 피터 드러커가 한 말이다. 왜 세계 최고대학에서, 많은 시간 관리의 대가들이 "시간 관리는 인생 관리다."라고 말하는 것일까? 시간은 자원이기 때문이다.

제조업에서 자재가 자원이라면 사람에겐 시간이 자원이다. 유성은, 유미현의 《성공하는 사람들의 시간관리 습관》에서는 "세상에는 소중한 것이 많지만 21세기 최대 자원은 시간이다."라고 말한다. 시간은 부자나 가난한 사람이나 공평하게 주어졌다. 남자나 여자나 차별이 없다. 어른과 아이에게도 동일하다. 시간은 하나님께서 모든 사람에게 주신 자원이자 선물이다.

시간이 모든 사람에게 주어진 공평한 자원이라면 시간을 소비하는 것이 아니라 활용해야 한다. 1966년 영국으로부터 독립한 남아메리카 북부에 위치한 '가이아나'라는 나라가 있다. 인구 83만 명의 중남미 최빈국 나라이다. 하지만 2015년 대규모 유전이 발견되면서 완전히 새로운 국면을 맞이한다. 해외 대기업들이 가이아나 유전 지대를 개발하기 시작하면서 2019년 이후 경제 규모가 세 배나 성장했다. 2024년 11월 6일 가이아나 정부는 원유 개발로 벌어들인 수익금으로 18세 이상 국민에게 1인당 10만가이아나 달러(약67만원)를 지급할 계획이라고 밝혔다. 가이아나 정부가 석유자원을 땅속에 그대로 묻어두었다면 여전히 빈민국으로 살았을 것이다. 석유자원을 활용하므로 빈민국에서 탈출했다. 자원은 활용해야 결과물을 만들어낸다.

김종원 작가는 《나의 현재만이 나의 유일한 진실이다》에서 이렇게 말한다. "'시간을 어떻게 보낼 수 있을까?' 라는 질문과 '시간을 어떻게 활용할 수 있을까?'라는 질문은, 아예 향하는 방향이 다르다. 그저 보내기 위한 시간을 맞이한 사람에게 일상은, 버리기 위해 존재하는 쓰레기와도 같다. 하지만 시간을 활용하려는 자에게 일상은, 누구보다 즐겁게 이용할 수 있는 놀이터와도 같다." 어리석은 사람은 시간을 어떻게 소비할까? 를 생각하지만 지혜로운 사람은 시간을 어떻게 활용할까? 를 고민한다. 시간을 잘 활용하는 사람들은 '시간이 남으면 무엇을 하겠다.'라는 방식으로 접근하지 않는다. 그들은 시간을 소중한 자원으로 인식하고 최대한 활용한다. 시간이라는 자원을 잘 활용하면 인생이 바뀐다.

사람들은 시간을 소비하면서 끊임없이 '시간이 없다', '바쁘다'라고 불평한다. 로마의 철학자이며 정치가였던 세네카는 이들에게 충고한다. "인간은 항상 시간이 모자란다고 불평을 하면서 마치 시간이 무한정 있는 것처럼 행동한다."

설교자는 시간을 소비하지 않고 최대한 활용해야 한다. 시간을 허비해서는 안 된다. 시간이라는 자원을 잘 활용해야 한다. 시간 활용을 잘 하면 삶이 바뀐다. 목회가 달라진다. 설교가 살아난다.

시간을 디자인하라

설교자는 시간디자이너가 돼야 한다. 하나님의 시간은 영원하지만 인간의 시간은 한정되어 있다. 한정된 시간을 디자인하지 않으면 낭비하게 된다. 윤슬은 《시간관리 시크릿》에서 '시간을 쓴다'가 아니라 '시간을 디자인한다.'라는 관점이 필요하다고 말한다.

시간을 디자인한다는 것은 시간을 그림 그리듯 해야 한다는 의미다. 평면적이 아니라 입체적으로 생각해야 한다는 것이다. 설교자가 시간을 낭비하지 않고 해야 할 일을 하려면 시간을 디자인해야 한다. 설교자가 시간을 디자인하기 위해서는 어떻게 해야 할까?

첫째, 자기를 분석해야 한다. 자기분석은 자신의 행동, 성향, 강점, 약점 등을 깊이 이해하는 과정이다. 시간을 디자인하라고 하면 사람들은 시간 관리 잘하는 사람을 무조건 따라하려고 한다. 따라하기만 하니 시간 관리에 실패한다. 시간을 디자인하기 위해서는 자신을 먼저 분석해야 한다. 이는 내가 시간을 어떻게 사용하고, 어떤 시간에 가장 좋은 결과를 얻는지 파악하기 위함이다.

이를 위해 백미르는《성공하는 사람들의 20가지 시간관리 습관》에서 '시간 로그'를 작성하라고 한다. 시간 로그란 하루의 시간을 어떻게 보냈는지를 세세하게 기록하는 것을 의미한다. 하루만이 아니라 일주일, 길게는 한 달 동안 시간을 어떻게 사용하고 있는지 추적해서 기록해 봐야 한다. 기록을 통해 자기 분석을 한다.

사람마다 '생체주기'와 '생활리듬'이 다르다. 생체주기는 수면 패턴, 식사 시간, 일상 활동 시간 등을 결정하는 데 중요한 역할을 한다. 아침형 인간이 있는가 하면 저녁형 인간이 있다. 둘 중 어느 것이 좋다가 없다. 자신의 생체주기에 따라, 생활 리듬을 따르는 것이 가장 시간을 잘 디자인하는 것이다. 설교자는 시간 로그를 다른 사람보다 잘 해야 한다. 자기를 먼저 분석하고 그에 맞게끔 시간을 디자인해야 살리는 설교자가 된다.

둘째, 우선순위를 바로 해야 한다. 샤르트르는 "인생은 B(Birth)와 D(Death) 사이의 C(Choice)다."라고 한다. 샤르트르는 인생이란 태어나서 죽을 때까지 선택의 연속임을 말한다. 지금 나의 모습은 내가 과거에 선택한 결과물이다. 선택은 우선순위가 기준이다. 우선순위를 어디 두느냐에 따라 인생은 결정된다고 해도 과언이 아니다.

설교자는 시간을 디자인하기 위해서 우선순위를 바로 해야 한다. 어윈 루처 목사는 《목사가 목사에게》에서 설교자들에게 "시간의 그 덩어리를 집어 들고 최우선순위가 아닌 것들은 다 깎아 내라."라고 한다. 일상 속에서 일어나는 모든 일을 동시에 처리하는 것은 불가능하다. 그래서 아이젠하워 매트릭스(Eisenhower Matrix)처럼 일을 구분해야 한다. 아이젠하워 매트릭스는 미국의 34대 대통령이었던 드와이트 D. 아이젠하워가 자신의 바쁜 일정을 효율적으로 관리하기 위해 사용한 방법이다.

설교자는 일상 속에서 긴급하고 중요한 일, 중요하지만 긴급하지 않은 일, 긴급하지만 중요하지 않은 일, 긴급하지도 중요하지도 않은 일을 선별해야 한다. 설교자는 긴급하고 중요한 일에 우선순위를 두어야 한다.

설교자에게 긴급하고 중요한 일이 무엇인가? 설교다. 설교자는 급한 일로 설교 준비를 제대로 하지 못하면 안 된다. 설교 준비가 제대로 되지 않으면 남의 설교를 카피한다. 영양가 없는 설교를 하게 된다. 살리는 설교가 아니라 죽이는 설교를 한다.

셋째, 이기는 계획을 세워야 한다. 설교자 가운데는 되는대로 사는 사람도 있고 계획적으로 사는 사람이 있다. 되는대로 사는 설교자는 목표가 없으니 하루하루를 닥치는 대로 산다. 반면에 계획적으로 사는 설교자는 하루하루를 헛되이 보내지 않는다.

설교자는 계획을 세우되 이기는 계획을 세워야 한다. 계획을 세워도 결과물이 없는 이유는 이기는 계획을 세우지 않았기 때문이다. 이기는 계획이란 불가능한 계획이 아니라 가능한 계획을 말한다. 이임복은 《이기적 시간관리》 이렇게 말한다. "열심히 하루하루를 계획하고 치열하게 사는 데도 시간 관리에 실패하는 경우가 있다. 그건 '너무 높은 목표', '의미 없는 목표', '너무 빠른 포기'의 3가지 이유 때문이다."

눈을 감으면 100개의 화살을 쏘아도 과녁을 제대로 맞출 수가 없다. 과녁을 맞추기 위해서는 눈을 뜨고 정조준 해야 한다. 마찬가지로 이기는 계획을 세울 때도 구체적이어야 한다. 노력했을 때 가능한 계획이어야 한다. 이임복은 같은 책에서 계획을 구체화하기 위해 세 가지 원칙을 지키라고 말한다. 첫째, 질문이 나오지 않게 하

라. 둘째, 구체적인 숫자를 적어라. 셋째, 구체적인 날짜를 정하라. 계획을 보고 누군가 궁금해서 질문을 한다면 구체적이지 않은 것이다. 계획의 달성여부를 측정하기 위해서는 숫자가 있어야 한다. 또한 언제 그 일을 끝낼 것인지에 대한 날짜도 정해야 한다.

칼 비테는 《칼 비테의 공부의 즐거움》에서 아버지가 한 말을 들려준다. "사람의 인생은 유한하단다. 시간을 정확하게 계획해야만 쓸데없는 낭비를 줄일 수 있어. 그래서 계획을 짠 후에 엄격하게 지키도록 한 거란다. 그날의 상황에 맞춰 현실적인 계획을 짜둔 것은 네가 시간을 유용하게 쓰도록 하기 위해서야. 게다가 그렇게 함으로써 네게 시간의 소중함을 일깨우고 좋은 습관을 길러줄 수 있단다." 칼비테의 아버지는 목사였다.

설교자가 한 가지 더 기억해야 할 것이 있다. 계획을 세우는 것도 중요하지만 하나님의 뜻에 맞는 계획을 세워야 한다. "사람의 마음에는 많은 계획이 있어도 오직 여호와의 뜻만이 완전히 서리라(잠19:21)" 설교자는 하나님의 뜻대로 이기는 계획을 세우고 시간을 낭비하지 않도록 시간을 디자인해야 한다.

시간에 대한 셈을 해야 한다

사람의 시간은 끝이 있다. 시간의 끝은 죽음이다. 죽음은 예고 없이 찾아온다. "시간은 그 자체로 죽음의 동의어다. 모든 것은 흘러가면 다시 돌아오지 않는다. 우리가 살고 있는 지금 이 순간 역시 계속해서 흘러가고 있다. 우리는 매일매일 죽음을 향해 가고 있다. 현재를 산다고 해서 죽음을 피할 수는 없다." 로랑스 드빌레르의 《철학의 쓸모》에 나오는 내용이다.

사람은 시간이 끝나는 자리에서 하나님 앞에서 시간을 어떻게 활용했는지에 대한 셈을 해야 한다. "한 번 죽는 것은 사람에게 정해진 것이요 그 후에는 심판이 있으리니(히9:27)" 시간을 셈하는 시간은 심판의 시간이다.

누가복음 19장에는 열 므나 비유가 나온다. 어떤 귀인이 왕위를 받으러 가기 전에 열 명의 종들에게 한 므나씩을 나누어 주며 돌아올 때까지 장사하라고 했다. 주인은 때가 되어 왕위를 가지고 돌아왔다. 종들은 각각 어떻게 장사하였는지를 보고한다. 한 므나로 다섯 므나와 열 므나를 남긴 종은 주인에게 칭찬을 들었다. 한 므나를 장사하지 않고 수건에 싸두었던 종은 책망을 받고 한 므나까지 빼앗겼다. 므나는 시간이라고 할 수 있다.

하나님께서는 모든 사람에게 공평하게 시간을 주셨다. 주신 것으로 끝내는 것이 아니라 시간을 어떻게 활용했는지 셈하신다. 사람의 시간이 끝나는 날 정확히 셈하신다. 설교자는 하나님께서 시간을 셈하실 때 부끄러움이 없어야 한다.

괴테는 "시간이 언제나 당신을 기다리고 있을 거라고 생각지 말라."라고 한다. "네가 지은 가장 큰 죄는 인생을 낭비한 죄다." 영화 '빠삐용'에 나오는 대사다. 시간을 낭비하는 것은 죄다. 설교자는 시간이라는 자원을 소비하는 것이 아니라 최대한 활용해야 한다. 같은 시간이지만 집중력을 가지고 밀도 있게 활용해야 한다. 시간을 잘 활용하기 위해 시간을 디자인해야 한다. 시간을 셈하는 날이 다가오고 있음을 알고 매시간 최선을 다해야 한다. 설교자가 지금보다 다른 삶을 살기를 원한다면 지금과는 다르게 시간을 활용해야 한다. 무엇보다 설교자는 살리는 설교를 위해 시간을 최대한 활용해야 한다. 투자하는 시간만큼 설교는 살아나게 된다. 살리는 설교는 시간과의 싸움이다.

이재영 목사

〈아트설교연구원〉 부대표이다.
저서로는 《희망도 습관이다》, 《신앙은 역설이다》 등이 있다.

2

광야의 시간을 내 것으로 만들어야 한다

지킬 것인가? 바꿀 것인가?

매년 한국 사회 소비 트렌드를 분석한 책 《트렌드 코리아 2025》는 재미있는 질문을 던진다. "지킬 것인가? 바꿀 것인가?" 사람들은 각자만의 삶의 방식이 있다. 지키는 것과 바꾸는 것, 무엇이 좋고 나쁘다고 단정 지을 수는 없다. 그러나 시대에 맞는 방식이 있는 것은 틀림없다.

《트렌드 코리아 2025》는 아날로그 시대에는 '지키다'가, 디지털 시대에는 '바꾸다'가 중요하다고 말한다. 일본은 지키는 쪽에 있었다. 일본에는 100년, 200년 동안 가업을 지켜온 노포(老鋪)가 흔하고, 평생 한 가지 업에만 몰두해 온 장인이 많다. 반면에 우리나라는 바꾸는 쪽에 가깝다. 유행에 민감하고 새로운 직업이 생겼다 사라지기를 반복한다.

지키는 것과 바꾸는 것은 각각 장단점이 존재한다. 시기에 따라서 장점이 되기도 하고 단점이 되기도 한다. 아날로그 시대에는 '지키다'가, 디지털 시대에는 '바꾸다'가 중요하다. 지키는 것은 변화가 느리다.

디지털 시대에는 기술의 진보가 빠르다. 바꾸지 않으면 안 된다. 2024년 대한민국의 1인당 국민총소득이 3만 6,194달러로 일본보다 401달러 앞서게 되었다. 문화적으로도 대한민국의 문화가 세계시장에서 이름을 알리고 있다. 바꾸는 것에 주저하지 않았기 때문에 가능한 일이었다.

설교자는 지키는 쪽에 가깝다. 하나님의 말씀을 지키고, 믿음을 지켜야 한다. 《목회자는 설교자다》에서 존 맥아더 목사는 "당신은 하나님의 말씀을 전하는 사람일 뿐만 아니라, 말씀을 수호하는 자로서도 부르심을 받았다."라고 말한다. 설교자는 말씀을 지키는 사람이다. 여기서 말씀의 수호자는 하나님의 말씀, 즉 성경을 지키는 것을 의미한다. 설교를 수호하는 사람이 아니다.

로마 가톨릭에는 '교황 무류성'이라는 교리가 있다. 교황은 결코 오류를 범할 수 없다는 말이다. 그러나 역사적으로 교황의 실수와 잘못된 일들을 우리는 알고 있다. 대표적인 사건이 돈을 받고 면죄부를 주었던 일이다. 교황도 사람이다. 사람은 반드시 실수한다.

하나님 말씀의 수호자인 설교자도 실수를 한다. 그래서 늘 바뀌야 한다. 필자도 예전에 했던 설교를 다시 보면 부끄러울 때가 많다. 지키는 것은 중요한 가치다. 그러나 설교자는 지키는 것 못지않게 바꾸는 것도 잘해야 한다. 설교자에게는 세상을 사랑하고 세상을 변화시키는 역할이 있다. 세상을 변화시키기 위해서는 세상을 아는 것도 포함된다.

세상은 하루가 다르게 변하고 있다. 세상이 바뀌는 것은 서점에 가보면 잘 알 수 있다. 일주일도 안 되어 새로 나온 책들이 진열장에 전시되고 베스트셀러가 매일 바뀐다. 1년 전에 나왔던 성공 공식이 이제는 실패 공식이 된다. 세상은 하루가 다르게 변하고 있다.

청중도 변한다. 요즘 청중은 지루한 것을 힘들어한다. 얼마 전 '쇼츠 지옥의 시대'라는 기사를 보았다. 쇼츠는 짧은 동영상을 말한다. 쇼츠 영상에 중독되어 일상에 지장을 주는 사람들이 늘고 있다는 내용이다. 지난해 8월 앱 분석 서비스 와이즈앱이 발표한 자료에 따르면 쇼츠 같은 짧은 동영상의 사용 시간이 다른 동영상의 사용 시간보다 5배나 높아졌다고 한다.

짧은 것을 좋아한다는 말은 집중력이 줄어들었다는 말과 같다. 집중력이 줄어든 청중에게는 확실하게 한 가지 주제로 설교하는 것이 필요하다. 지금까지 해왔던 설교를 벗어나 원포인트 설교로 변해야 한다. 말씀은 지키되 설교 구성은 바꿔야 하는 것이 필요하다. 살리는 설교를 하기 위해서는 시대에 맞게 설교 구성을 바꿀 수 있어야 한다.

변화에 대한 두려움을 극복해야 한다

《정답 없는 세상에서 리더로 살아가기》의 저자 임창현은 이 시대는 딥체인지(Deep Change)가 필요하다고 말한다.

"최근 많은 기업들은 변화와 혼돈의 시기를 극복하기 위해 수많은 혁신을 추진하고 있습니다. 이를 딥체인지라고(Deep Change) 합니다."

어려운 시기를 극복하기 위해 혁신이 필요하다. 기업만이 혁신이 필요한 것이 아니다. 많은 교회와 설교자도 변화와 혼돈의 시기를 지나고 있다. 코로나 이후 전통적인 목회 방향이 달라졌다. 수많은 자영업자가 현재를 코로나 때보다 더 힘들다고 말한다.

교회는 어떤가? 별반 다르지 않다. 목회데이터연구소가 조사한 '한국교회 추적조사 2024'에서 코로나 이전을 회복하지 못한 교회는 54%, 회복한 교회 31%, 성장한 교회 15%로 나타났다. 코로나 이전으로 회복하지 못하는 교회들이 훨씬 많다. 교회와 설교자가 위기를 극복하기 위해서 딥체인지가 필요하다.

변화는 절대 쉽지 않다. 스콧 앨런은 《힘든 일을 먼저하라》에서 "변화는 불편을 초래하지만, 그것은 일시적이다. 기대한 결과를 얻지 못해도 결코 포기해서는 안 된다. 사람들은 대개 변화를 받아들이지 못하는 탓에 변화에 실패한다."라고 말한다. 변화를 받아들이지 못하는 것은 변화가 쉽지 않기 때문이다.

요즘 뉴스에서 삼성전자가 위기라는 말을 많이 듣는다. 삼성전자는 부정할 수 없는 우리나라 1등 기업이다. 그러나 미래에는 어떻게 될지 모른다고 전문가는 말한다. 삼성전자의 위기도 딥체인지를 이루지 못했기 때문이다.

서재영은 《글로벌 1등 K-기업》에서 만년 2등에서 1등으로 올라선 기업을 소개한다. "SK하이닉스는 메모리 시장 전체에서는 2등이지만 HBM 메모리 분야는 단연 세계 1위다. 2013년 HBM 메모리를 독점 개발해 지속적인 연구개발을 이어온 끈기와 노력에 챗GPT가 선도하는 AI시대를 만나 큰 수혜를 받았다. 만년 2등이라는 꼬리표를 떼고, HBM 메모리 1위로 등극했다."

SK하이닉스는 메모리 반도체 부분에서 딥체인지를 이루어 냈다. 삼성전자도 위기를 극복하기 위해 혁신을 이어가겠다고 발표한다. 그러나 우리가 걱정할 것은 삼성이 아니다. 삼성을 걱정할 것이 아니라 목회와 영혼을 걱정해야 한다.

삼성만 위기가 아니다. 교회가 위기고 설교자가 위기다. 이 위기를 극복하기 위해서 변화를 두려워하지 말아야 한다.

광야에서 딥체인지가 일어난다

설교자는 변화를 꿈꾼다. 영혼을 살리고 교회를 살리기를 원한다. 그러나 변화는 갑자기 일어나지 않는다. 하나님은 변화를 만드는 곳으로 광야를 사용하셨다. 광야는 변화가 일어나는 곳이다. 그냥 변화가 아니다. 딥체인지가 일어난다.

하나님은 이스라엘에게 가나안이라는 약속의 땅을 주셨다. 가나안은 젖과 꿀이 흐르는 땅이다. 누구나 기대하고 갈망하는 곳이다. 광야는 가나안에 들어가기 위해서 꼭 거쳐야 하는 장소다. 애굽에서 노예 생활을 하던 이스라엘은 광야로 들어갔다. 이스라엘은 광야를 통해 노예에서 하나님의 백성으로 딥체인지 되었다.

변화를 꿈꾸는 설교자는 광야의 시간을 자기 것으로 만들어야 한다. 광야의 시간을 내 것으로 만들 때 변할 수 있다. 다윗은 광야의 시간을 자기 것으로 만들었다. 다윗은 왕으로 기름 부음을 받고 오랜 시간 동안 사울을 피해 도망 다녀야 했다. 다윗이 도망 다녔던 곳이 광야였다.

"다윗이 광야의 요새에도 있었고 또 십 광야 산골에도 머물렀으므로 사울이 매일 찾되 하나님이 그를 그의 손에 넘기지 아니하시니라"(사무엘상 23장 14절)

다윗은 광야를 피하려 하지 않았다. 광야를 불평하지 않았다. 다윗은 광야를 통해 양치기에서 이스라엘의 왕으로 딥체인지 되었다. 설교자도 광야를 통해 영혼을 살리는 설교자로 딥체인지 되어야 한다.

광야 박사로 통하는 이진희 목사는 《광야를 읽다》에서 이렇게 말한다. "사막에서 걷지 못하게 되면 그것은 죽는 것이나 마찬가지다." 광야에 들어서면 일단 움직여야 한다. 광야에서 멈추어 있는 것은 죽는 것이나 다름없다. 광야는 변하지 않으면 살아갈 수 없듯이 변하지 않는 설교자도 살아남을 수 없다.

성장하지 않는 설교자는 영혼을 살릴 수 없다. 살아 있는 것의 특징은 끊임없이 성장한다는 것이다. 설교자가 영혼을 살리기를 원한다면 자신이 매일 성장해야 한다. 말씀으로 깊어지고, 기도로 풍성하며, 공부로 성장해야 한다. 설교자에게 광야는 물리적인 장소가 아니다. 변화를 위해 노력하는 모든 순간이 광야다.

많은 설교자가 성장의 장소가 아니라 안주의 장소에 있다. 광야가 아니라 오아시스에 있다. 바쁘다는 이유로, 어렵다는 핑계로 광야를 피해 간다. 이스라엘 백성도 그랬다.

"그들이 또 모세에게 이르되 애굽에 매장지가 없어서 당신이 우리를 이끌어 내어 이 광야에서 죽게 하느냐 어찌하여 당신이 우리를 애굽에서 이끌어 내어 우리에게 이같이 하느냐"(출애굽기 14장 11절)

설교자는 자신이 어디에 서 있는지 고민해야 한다. 광야인가? 오아시스인가? 많은 설교자는 광야가 아니라 사람들이 모이는 곳, 즐거움이 있는 곳에 있을 때가 더 많다. 책상에 앉아 성경과 씨름하고 독서와 글쓰기로 자신을 성장시키는 고난보다 편하고 즐거운 자리를 찾을 때가 더 많다.

필자는 설교의 한계를 느끼고 좌절을 경험한 적이 있다. 아무리 설교해도 청중은 반응하지 않았다. 고민이 깊어지던 그 때, 아트설교연구원의 김도인 목사를 만났다. 김도인 목사는 설교의 변화를 위해 독서와 글쓰기를 추천했다. 알지만 쉽지 않은 길이었다. 가장 쉬우면서 가장 어려운 길이 공부하는 길이다. 정말 광야를 걷는 것 같았다. 지금도 힘겹게 광야를 지나는 심정으로 공부하고 있다.

광야는 인생의 목적지가 아니다. 광야는 지나가는 과정이다. 고난 없는 인생 없고, 사연 없는 인생 없다. 모두 광야를 지나 목적지로 간다. 하나님 백성의 목적지는 가나안이었다. 그 곳은 젖과 꿀이 흐르는 땅이다. 광야는 가나안에 가기 위한 과정이었다. 설교자에게 광야는 영혼을 살리기 위한 길이다. 광야의 시간을 내 것으로 만들 때 설교자가 살고 영혼이 살아날 수 있다. 살리는 설교는 광야를 지날 때 주어지는 상급이다.

지금 힘듦이 인생의 마지막이 아니다. 광야를 통과하지 않으면 약속의 땅으로 갈 수 없다. 많은 설교자가 지금 글쓰기와 독서가 무슨 소용이냐고 물을 수 있다. 그러나 하나님 백성에게 늦은 것은 없다. 지금 이 순간이 하나님이 주신 기회다.

광야의 시간을 헛되이 흘러버리지 말고 자기 것으로 만들어야 한다. 그래야 살리는 설교로 모든 영혼을 살릴 수 있다.

김현수 목사

행복한나무교회 담임이다.
저서로는 《메마른 가지에 꽃이 피듯》, 《설교트렌드 2025》 등이 있다.

3

버려진 시간, 자투리 시간을 활용해야 한다

'시간이 없다'는 변명을 멈춰야 한다

《트렌드 코리아 2024》에서는 2024년 소비 트렌드를 전망하며 '분초사회'를 10대 키워드 중에 하나로 선정한다. '분초사회'는 시간의 중요성이 매우 강조되는 사회로, 시간의 효율성을 극대화하기 위해 분초(分秒)를 다투며 산다는 의미를 담고 있다. '분초사회'를 살아가는 현대인들이 입에 달고 살아가는 말이 있다. "시간이 없다. 바쁘다."라는 말이다. 시간이 없어서 해야 할 일을 하지 못했다고 한다.

바빠서 운동할 시간조차 없다고 한다. '시간이 없어서'라는 말은 부족한 능력과 게으르다는 말하기 싫어 핑계 삼는 것은 아닐까. "변명 중에서도 가장 어리석고 못난 변명은 '시간이 없어서'라는 변명이다." 에디슨이 한 말이다.

'시간이 없어서'를 달리 표현하면 '시간을 제대로 활용하지 못해서'일 것이다. 아무리 빽빽한 숲에도 오솔길은 있게 마련이다. 아무리 바쁜 삶에도 버려진 시간이 있다. 자투리 시간은 있다.

물리적인 하루의 시간은 누구에게나 공평하게 24시간이 주어진다. 하지만 누군가에게는 23시간이 되기도 하고 25시간이 되기도 한다. 찰스 다윈은 "거리낌 없이 한 시간을 낭비하는 사람은 아직 삶의 가치를 발견하지 못한 사람이다."라고 한다. 삶의 가치를 발견한 사람은 시간을 낭비하지 않는다. 낭비하지 않으니 24시간을 25시간처럼 활용한다. 하지만 삶의 가치를 발견하지 못한 사람은 시간이 없다고 변명하면서 24시간을 23시간처럼 소비한다.

인생은 분실물 센터가 없다는 것을 기억해야 한다. 잃어버린 우산이나 지갑은 혹 찾을 수 있지만 한 번 낭비해 버린 시간은 절대로 찾을 수 없다.

설교자는 시간이 없다는 생각을 바꿔야 한다. 시간이 없다는 변명을 멈춰야 한다. 시간은 언제나 있다. 줄어드는 통장의 잔고보다 무의미하게 버려지는 시간을 살려내야 한다. 자투리시간을 활용할 능력을 지니고 있어야 한다.

버려진 시간을 살려라

하루의 시간을 꼼꼼히 체크해 보면 생각보다 버려진 시간이 많다. 경기에 출전하는 선수는 그렇지 않다. 그는 0.1초를 앞당기기 위해 심혈을 기울인다. 0.1초라도 앞서기 위해 집중한다. 0.1초가 메달 색깔을 결정하기 때문이다.

발타사르 그라시안은 이렇게 말한다. “우리가 진정으로 소유하는 것은 시간뿐이다. 가진 것이 아무것도 없는 이에게도 시간은 있다.” 누구에게나 시간만은 동등하게 소유한다. 시간을 어떻게 소유하면 선물이 된다. 시간을 통장에 입금하듯 선불로 저축할 순 없지만 시간은 유익하게 사용하는 자에겐 선물이 된다. 사용하지 않는 시간은 버려진 시간이다.

채지희 작가는 《버려진 시간의 힘》에서 “25살에 죽고 75살에 묻힌다.”라고 한다. 남의 이야기가 아니다. 세월에 쫓기며 생계에 억눌려 수동적으로 사는 시간들은 죽은 삶과 다를 바 없다. 땅에 묻히기 전까지 남은 50년, 44만 시간 이상을 버리고 있는 셈이다. 한때 찬란하게 빛나던 물건이 어느 날 쓰레기처럼 버려지는 것처럼 우리 인생에게 주어진 시간 또한 의미와 쓸모를 찾지 못하면 버려진다.

설교자는 시간을 버리며 살지 않아야 한다. 설교자에게 버려진 시간은 언제일까? 먼저, 늦장 부리는 시간이다. 버려진 시간은 잠자리에서 일어나는 순간부터 찾아온다. 기상 시간에 '잠깐만' 이라고 외치는 늦장 부리기와 '꾸물거림'은 버려진 시간이다. 잠깐이라는 순간이 때론 몇 시간을 허비하기도 한다. 꾸물거리다가 한나절을 낭비하기도 한다, '잠깐'만 하다가 일어나지 않고 잠자는 시간은 버려진 시간이다. 비효율적인 시간이다. 잠자리에서 일어나지 않고 '잠깐'이라는 유혹과 '꾸물거림'이라는 타이머를 사용하는 순간 버려진다.

박지현의 《성공을 위한 자기 관리 노트》에 방송인 아사 고트프리가 한 말이 나온다. "훨씬 이전에 나는 어떤 경우라도 하루에 20~50분 확보하는 방법을 배웠습니다. 아침에 눈을 뜨면 바로 벌떡 일어나는 겁니다. 눈을 뜨고서도 잠자리에서 꾸물대고 있으면 아무리 늦지 않겠다고 다짐해도 반드시 늦어지게 됩니다. 그뿐 아니라 그 후의 일도 모두 잘되지 않습니다. 아침에 눈을 뜨면 이불을 젖히고 벌떡 일어나는 습관을 기르는 것이 여유 있는 시간을 갖기 위한 최초의 행동입니다." 벌떡 일어나 시간을 내 시간으로 만들어야 한다.

설교자에게 '잠깐'과 '꾸물거림'은 버려진 시간이다. 버려진 시간을 뒤집는 방법은 '잠깐만' 뒤에 일어나겠다는 '착각'을 버리고 '즉각' 일어나야 한다. 그 순간 시간을 살려낼 수 있다. 설교자는 시간을 죽이지 않고 살려내는 사람으로 살아야 한다. 즉각 일어나는 습관은 음식조절부터 해야 한다. 음식조절은 과식과 야식을 피하는 훈련부터 시작하면 즉각 일어나는 신체가 만들어진다.

둘째, 스마트폰을 사용하는 시간이 버려진 시간이다. 스마트폰 사용은 유익을 주는 부분도 있지만 독서해야 하는 설교자에겐 시간을 낭비하게 만든다. 많은 동영상과 자극적인 글들이 설교자 시간을 빼앗는다.

캐빈 폴시는 스마트폰 사용 시간을 알려주는 '모먼트'라는 앱을 개발한 사람이다. 그가 8,000명의 휴대폰 사용현황을 분석한 결과, 하루 평균 3시간, 1시간에 평균 세 번이나 휴대폰과 마주하는 것으로 나왔다. 깨어 있는 시간 중 5분의 1을 휴대폰과 함께 보낸다는 것을 의미한다. 설교자는 스마트폰 사용 관리를 해야 한다. 스마트폰 보는 시간을 관리하지 않으면 시간은 계속 버려진다. 설교자는 필요할 때만 스마트폰을 사용하고 손에서 내려놓아야 한다.

필자는 스마트폰을 효율적으로 사용한다. 스마트폰을 생선회 뜨는 것처럼 사용한다. 생선회는 필요한 것만 식탁에 올리고 나머지는 제거한다. 스마트폰 사용을 생선회 뜨듯 필요할 것만 선별해 사용한다.

살리는 설교자가 되려면 버려진 시간을 살려내야 한다. 설교자가 십자가의 죽음을 이야기하고 부활의 소망을 제아무리 외쳐도 실생활에서 시간 사용을 제대로 하지 않으면 외치는 복음은 정보전달에 그친다.

사람들은 예수 그리스도께서 십자가에 죽고 3일 만에 부활하신 내용은 다 알고 있다. 복음을 복음답게 전하려면 본문만 전하는 설교자가 아니라 삶이 말씀과 일치시킴으로 복음을 전해야 한다. 특히 시간 사용이 복음적이어야 한다. 이런 설교자가 살리는 설교를 할 수 있다.

자투리시간을 활용하여 성장하라

자투리 시간을 활용 여부에 따라 설교자가 성장한다. 자투리 시간을 쓸모없는 시간이라고 생각하는 사람들이 있다. 5분, 10분 동안 무슨 성과가 있겠냐고 말한다. 하지만 5분, 10분 사용을 일주일 동안, 한 달 동안 지속하면 이야기는 달라진다. 자투리 시간을 살려본 경험이 없는 사람에게 10분은 무용지물이지만, 활용한 사람에게 10분은 큰 성장을 이룰 수 있는 시간이다.

KBS 수요기획팀의 《하루 10분의 기적》에는 삼성고등학교 소병량 선생님의 이야기가 나온다. 그는 수업이 끝나고 쉬는 시간 10분을 황금같이 사용한다. 고작 10분 동안 얼마나 공부할까 싶지만, 수업이 7교시면 쉬는 시간은 총 70분이다. 그는 자투리시간을 활용해

55개나 되는 자격증을 취득했다.

사람은 누구에게나 24시간 중 자기만이 느끼는 자투리 시간이 있다. 필자에게 자투리 시간은 사무실에 8~9시간 머물러 있는 동안 졸리운 시간이다. 육체를 가진 몸이라 졸린 시간을 피할 수는 없지만 그 시간을 자투리 시간으로 활용하고 있다. 졸음이 몰려오면 자리에서 일어나 줄넘기를 200~350회 한다. 즉시 졸음이 사라진다. 동시에 종아리 근육이 강화된다. 어느 순간 호흡이 가파르다. 온몸을 움직이는 전신 운동을 했기 때문이다. 자투리 시간을 활용하여 뛰는 줄넘기 횟수가 매일 1,000~1,200이 된다. 자투리 시간 활용은 시간 낭비를 제거하고 몸을 건강하게 만들어준다.

부티크사 편집부가 엮은《자투리 천으로 쉽게 만드는 미니어처》에서는 "흔한 자투리 천이 최고의 수제품으로 재탄생하고 당신의 평범한 일생은 예술이 된다."라고 한다. 자투리 천도 잘 활용하면 수제품으로 재탄생한다. 버려지는 자투리 천을 재활용하면 나만의 수제품이 탄생한다. 볼품없는 자투리 천 조각도 다시 리폼하면 나만의 예술품이 된다.

설교자는 자기만의 자투리 시간이 있다. 자투리 시간을 제대로 활용해 생산적인 시간으로 만들어야 한다. 성장하는 시간으로 만들어야 한다. 심력, 체력, 지력, 시간 관리, 인간관계 등, 힘을 효율적으로 사용할 수 있는 타임 관리의 전문가가 돼야 한다.

작은 시간이 모여 인생을 이룬다

인생은 작은 시간의 합이다. 한국 사람들은 지리적으로 작은 나라에서 태어나서인지, 유달리 큰 것을 좋아한다. 우리나라 이름부터 '대한민국(大韓民國)'이다. 최고지도자를 대통령(大統領), 최고 학부는 대학교(大學校), 대학원(大學院)이라고 한다. 외국으로 보내는 외교관들을 대사(大使)라고 한다. 길도 대로(大路)라고 하고 다리를 놓아도 대교(大橋)라고 한다.

큰 것을 추구하는 것은 작다는 열등감을 보상받으려는 일종의 보상 심리 아닐까. 사람들은 작은 것들을 비하할 때가 많다. 작다는 것을 감추려 하고 무시하는 경향이 있다. 하지만 작은 것이 결코 작기만 한 것은 아니다.

하인리히의 법칙(1:29:300법칙)을 확장한 '버드의 법칙'이 있다. '1:10:30:600법칙'이다. 통계적으로 보면 1건의 중대한 사고는 그 전에 같은 원인으로 경미한 사고가 10건이 있다. 또한 그 전에 30건의 부상이 없는 무상해 사고가 있다. 그 전에 600건의 잠재적 사고가 있다. 언제나 큰 것은 작은 것에서부터 시작된다. 작은 것을 소홀히 여기면 큰 것을 잃어버린다.

인생도 마찬가지다. 모래알과 같은 1초들이 모여 1분이 되고 한 시간이 된다. 한 시간이 모여 하루가 되고 하루하루가 모여 인생이 된다.

인생이란 내가 지나온 작은 시간의 합이다. 사람들은 인생을 중요하게 생각하면서도, 하루를 소중하게 생각하지 않는다. 하루를 소중히 여기면서 한 시간을, 1분 1초를 귀하게 생각하지 않는다. 버려진 시간, 자투리시간을 소홀히 여긴다.

옛말에 '티끌 모아 태산 된다.', '천리 길도 한 걸음부터 출발해야 한다.'는 말이 있다. 한비자도 이렇게 말한다. "천하의 어려운 일은 반드시 쉬운 데서 이루어지고, 천하의 큰일은 반드시 작은 일로부터 이루어진다."

설교자는 시간이 없다는 변명을 멈춰야 한다. 버려진 시간을 살리고, 자투리 시간을 활용하여 성장해야 한다. 설교자는 변명을 버리고 자투리 시간까지도 관리하는 현명한 설교자가 청중을 살린다.

석근대 목사

대구동서교회 위임목사이자,
저서로는 《삶을 쓰는 글쓰기》, 《일상에서 신앙 찾아가기》 등이 있다.

4

매일 데드라인을 정해야 한다

미루기는 시간 관리를 방해 한다

음식에는 유통 기한이 있다. 몸에 좋은 음식, 건강에 유익한 식재료는 유통기한 전에 소비하면 몸에 좋은 보약이 된다. 유통 기한을 넘기면 상하거나 곰팡이로 생명을 위협한다.

사람에게 매일 주어진 시간도 유통기간이 있다. 24시간은 하루 최대 유통기간이다. 하루 안에 24시간을 알차게 사용해야 한다. 24시간 시간관리 못하면 할 일을 해내지 못한다.

시간 관리에 큰 방해요소는 미루는 습관이다. 쉬센장은 《하버드 첫 강의 시간관리 수업》에서 시간 관리를 방해하는 요소로 '미루는 습관'과 '완벽주의'를 꼽는다. 사람들은 실패가 두려워 주어진 일 하기를 미룬다. 결과에 미치지 못할 것 같은 예감이 들면 오늘 해야 할 일을 내일로 넘겨 불안감을 회피한다. 계속 피하면 실패로 귀결된다. 쉬센장은 "업무를 완수할 모든 요소를 생각한 다음 행동으로 옮겨보면 두려움은 사실 아무것도 아닌 마음속 장애물이었다는 걸 알게 된다."고 조언한다. 행동이 아니라 마음 속 장애물이므로 할 일을 미루는 것은 어리석다.

캘거리대학교 교수 피어스 스틸이 진행한 미루기에 관한 메타 분석 연구에 따르면, 성인들의 20퍼센트가 대학생들의 50퍼센트가 미루는 습관이 있다고 한다. 피어스 스틸 교수는 미루는 것을 이렇게 말한다. "'조화로운 삶'을 망치는 모든 것의 배후에는 '미루는 습관'이 있다." 지금도 수많은 사람들이 계획을 세운다. 시간을 잘 관리하겠다고, 더 나은 인생을 살겠다고 결심한다. 하지만 결과는 미약하다. 미루기라는 고약한 녀석 때문이다. 미루기 습관은 굳게 다짐한 결심마저 무너뜨린다. 미루기와의 끝없는 전쟁은 매번 절망하게 만든다. 때로는 미루기 유혹에 넘어져 건강도 돈도 사람도 잃어버리기까지 한다.

설교자도 미루기 습관으로 하나님의 일을 제대로 하지 못할 때가 있다. 미루는 습관은 교회를 바로 세우지 못하게 한다. 청중을 세상의 유혹에서 건져내지 못한다. 중요한 일이 급한 일 뒤로 밀리게 한다. 설교를 제대로 준비하지 못하게 한다.

청중을 살리는 설교 준비를 미루면 살리는 설교가 아니라 죽이는 설교가 된다. 설교준비는 특정한 날을 정해서 하는 것이 아니다. 미루지 않고 매일 주어진 양을 준비해야 한다. 설교자가 살리는 설교를 하려면 미루기가 아니라 지금 이루기를 해야 한다.

설교자가 미루기 습관을 어떻게 이겨낼 수 있을까? 매일 데드라인을 정해야 한다. 크리스토퍼 콕스는 《데드라인 이펙트》에서 이렇게 말한다. "주어진 일을 억지로 힘들게 해나가지 말고, 일을 미루는 타고난 성향을 극복할 수 있는 구조를 만들면 된다. 한 가지 좋은 소식은 그 미약한 의지력 문제를 해결할 효과적인 구조를 이미 우리가 갖고 있다는 것이다. 돛대에 매듭 묶는 기술도 필요 없는 그 구조가 바로 데드라인이다."

설교자는 매일 데드라인을 정해서 설교 준비해야 한다. 데드라인을 설정하기 위해 설교자는 엘리야가 한 말을 매일 경청해야 한다. "엘리야가 모든 백성에게 가까이 나아가 이르되 너희가 어느 때까지 둘 사이에서 머뭇머뭇 하려느냐 여호와가 만일 하나님이면 그를 따르고 바알이 만일 하나님이면 그를 따를 지니라 하니 백성이 한마디도 대답하지 아니하는지라. (열왕기상18:21)" 설교자는 머뭇거리지 말아야 한다. 데드라인이 정해지면 머뭇거리지 않고 설교 준비를 한다. 설교 준비에 머뭇거리지 않으면 시간을 살려낸다. 시간을 살려내면 설교자가 산다. 설교자가 살면 청중이 산다. 즉 매일 데드라인을 정하고 머뭇거리지 않을 때 살리는 설교를 할 수 있다.

데드라인이 시간을 살린다

데드라인은 버려지는 시간을 살린다. 데드라인의 사용은 군대에서 먼저 했다. 미국 남북 전쟁 당시 남부군 포로수용소가 있었다. 남부군은 포로수용소를 만드는 비용이 부족해서 넓은 공터에 텐트를 치고 포로들을 수용한 뒤 울타리로 경계선을 만들었다. 서너 명이 힘주면 무너질 정도로 약한 울타리다. 만약 포로들이 울타리를 넘게 되면 탈출을 시도하는 것으로 간주하고 즉시 사살했다. 이 경계선을 '데드라인'이라고 불렀다.

20세기 초에 이르러 데드라인은 전쟁터나 인쇄기의 물리적인 제한선이 아니라 기사가 마무리 되어야 하는 시간을 뜻하게 되었다. 그 개념이 널리 알려지면서 신문과 잡지를 넘어 다른 분야에서도 폭넓게 활용되기 시작했다. 데드라인은 절박함과 위협의 의미가 담겨 있어 이윤을 추구하는 기업에까지 유용하게 사용하기에 이르렀다.

데드라인이 주는 유익이 있다.

첫째, 데드라인이 시간을 살리는 동기부여가 된다. 인지심리학자인 아모스트버스키와 엘다 샤피르는 간단한 실험을 한다. 학생들에게 긴 설문지를 작성해 돌려주면 5달러를 주겠다고 한다. 한 그룹의 학생들에게는 5일의 데드라인을 주었고 다른 그룹의 학생들에게는 데드라인을 주지 않았다. 데드라인이 있었던 학생그룹은 60퍼센트가 설문지를 제출해 5달러를 받았다. 데드라인이 없었던 학생그룹에서는 오직 25퍼센트만 설문지를 제출했다. 데드라인이 정해지면 그 시간 안에 해야 한다는 동기가 부여된다는 것을 알 수 있다. 무엇을 하고자 할 때 제일 먼저 할 것은 데드라인을 정하는 것이다. 데드라인이 해야 한다는 동기를 부여한다.

둘째, 데드라인이 주어지면 같은 시간이라도 몰입하게 만든다. 이운규는 《몰입의 기술》에서 같은 시간을 더 순도 높은 몰입으로 채우는 방법으로 '데드라인 이펙트'를 강력하게 추천한다. "사람은 보통 일정한 데드라인을 정해두고, 그 기한이 임박했을 때 더 몰입한다. 데드라인을 설정해 두었을 때가 그렇지 않을 때보다 긴장감을 느끼게 된다. 한편 사람이 긴장이나 공포, 흥분 등의 감정을 느끼면 '노르에피네프린'이 분비되는데, 이로 인해 집중력과 혈류량, 대사활동이 증가한다. 즉 데드라인을 설정해 둔 경우에 노르에피네프린이 더욱 활발하게 분비되면서 집중력이 올라갈 수 있는 것이다."

황농문 교수는 《슬로씽킹》에서 몰입을 이렇게 말한다. "생존을 위한 삶, 행복을 추구하는 삶, 자아실현의 삶을 동시에 추구하고 구현하는 방법이다." 몰입은 매일의 삶에서 아주 중요하다. 설교자가 살리는 설교하려면 시간을 살리는 동기부여가 있어야 한다. 설교준비에 데드라인을 정해 몰입해야 한다.

데드라인을 정할 때 한 가지 유의할 것이 있다. 데드라인을 너무 타이트하게 잡아서는 안 된다. 타이트하게 잡으면 압박이 심해져 도리어 데드라인 안에 해야 할일을 끝내지 못해 실망만 한다. 데드라인은 조금 넉넉하게 잡는 것이 좋다.

설교자는 매일 데드라인을 정함으로 버려지는 시간을 살려야 한다. 긴장감을 가지고 몰입해서 설교준비를 해야 한다. 타이트하게 데드라인을 잡지 않아 살리는 설교를 할 수 있는 설교자로 세워야 한다.

핫라인이 데드라인을 완성 한다

설교자의 시간 관리에 핫라인이 있다. 핫라인은 잠시 후가 아니라 지금이다. 설교자에게 핫라인은 어제가 아니라 오늘이다. 설교자에게 핫라인은 내일은 더욱 아니다. 박지현은 《성공을 위한 자기관리 노트》에 아놀드 베네트의 말을 인용한다. "시간의 세계에서는 부자와 빈자가 따로 없다. 시간이라는 귀중품을 멋대로 낭비한다고 해도 시간의 할당이 줄어드는 건 아니다. 시간은 어디서 빌려 오거나 누군가에 빌려 줄 수 있는 것도 아니다. 단지 각자에게 주어진 지금 이 순간을 사용할 뿐이다. 내일이라는 날을 오늘 사용할 수도 없고 오늘 아껴 두었다가 내일 사용할 수도 없다. 내일은 내일을 위해 오늘은 오늘을 위해 존재할 뿐이다." 그는 내일을 위해 오늘을 살지 말라고 한다. 지금 이 순간을 위해 시간을 사용하라고 한다.

영국 격언에도 "현재를 잃어버리는 것은 모든 시간을 잃어버리는 것이다."라고 한다. 과거는 돌이킬 수 없는 시간이다. 미래는 오지 않은 시간이다. 설교자에게 허락된 시간은 지금밖에 없다. 설교자에게 핫라인은 지금이다. 핫라인인 지금을 놓치면 데드라인 안에 계획했던 설교를 준비 할 수 없다.

설교자에게 핫라인은 '지금 기도' 시간이다. 설교자에게 핫라인은 '지금 성경 묵상' 시간이다. 설교자에게 핫라인은 '지금 설교 준비'시간이다. 설교자에게 핫라인은 선택이 아니라 필수다. 설교자에게 핫라인은 통신사 갈아타듯이 바뀌면 안 된다. 그러므로 이 순간을 제대로 살아야 한다. 사도들이 설교자에게 지금의 중요성을 강조한다. "우리가 하나님과 함께 일하는 자로서 너희를 권하노니 하나님의 은혜를 헛되이 받지 말라 이르시되 내가 은혜 베풀 때에 너에게 듣고 구원의 날에 너를 도왔다. 하셨으니 보라 지금 은혜 받을 만한 때요 보라 지금은 구원의 날이로다.(고후6:1~2)"

설교자에게 '지금 기도 시간, 지금 성경 묵상 시간, 지금 설교 준비 시간'은 하나님과 사람을 연결하는 핫라인이다. 설교자에게 핫라인은 결코 양보하면 안 된다. 설교자에게 핫라인은 절단(切斷)하면 안 된다. 설교자에게 핫라인은 상시(常時)여야 한다. 설교자가 핫라인을 연기(延期)하면 얼마 지나지 않아 연기(演技)하고 있음이 드러난다. 설교자에게 연기(演技)가 드러나면 설교자는 설 자리를 잃는다. 설교자는 '지금 기도 시간, 지금 성경 묵상 시간, 지금 설교 준비 시간'이 상시(常時)라야 살리는 설교할 수 있다.

설교자에게 핫라인은 지금이다. 지금하지 않으면 데드라인을 완성할 수 없다. 설교자는 매일 데드라인을 정해야 한다. 무엇보다 설교 준비와 완성에 데드라인을 정해야 한다. 정해진 데드라인으로 완성된 설교는 하나님을 영화롭게 한다. 청중의 영혼을 살린다.

청중을 살리는 설교자는 마지막 순간까지 "다 이루었다."(요 19:30)는 데드라인을 정해 살아간다. 하나님께 영광을 올려드리는 예수님과 같은 삶을 산다.

석근대 목사

대구동서교회 위임목사이자,
저서로는 《삶을 쓰는 글쓰기》, 《일상에서 신앙 찾아가기》 등이 있다.

에필로그

설교자는 청중의 물성매력의 관심을 적극 활용해야 한다

설교자는 설교를 통해 청중을 살려야 한다. 청중을 살리려면 청중의 관심을 끌어야 한다. 청중의 관심을 끌려면 청중의 본성을 알아야 한다. 청중의 본성은 감각에 반응한다. 감각에 반응하는 묘사, 은유, 비유 등을 활용한 것이 보이는 설교다.

김난도의 《트렌드코리아 2025》에서 2025년도 소비트렌드 중 하나를 '물성매력'이라고 한다. "소비자는 사물 본연의 감각을 몸으로 느끼고 싶어 한다." 청중이 감각을 몸으로 느끼고자 하므로 설교자는 청중이 몸으로 감각하도록 해주어야 한다.

영화는 관람객을 끌어 모으기 위해 그들의 감각을 자극한다. 먼저 콘텐츠를 감각적으로 구성하여 자극한다. 관람객이 콘텐츠가 실재로 감각할 수 있기를 바라기 때문이다. 관람객의 취향을 안 작가는 시나리오가 관람객이 감각할 수 있도록 쓴다. 감각을 자극함으로 영화를 관람하지 않으면 안 되게 만든다. 김난도는 감각의 중요성을 이렇게 말한다. "영화 콘텐츠가 스크린을 찢고 나와 실제로 감각 할 수 있게 만들어줘야 소비자의 이목을 끌 수 있다."

설교자는 설교로 청중의 영혼을 살려야 한다. 그들의 영혼을 살리려면 청중의 감각을 깨워야 한다. 잠들어 있는 하나님에 대한 갈망의 감각을 깨워야 한다. 청중을 살리겠다는 외침만으로는 부족하다. 그들의 영혼이 살아날 수 있도록 감각을 자극하는 설교를 해야 한다.

설교자는 설교를 듣는 청중의 관심을 끌도록 유도해야 한다. 청중의 관심을 끌려면 청중이 감각을 작동할 수 있도록 만들어야 한다. 김난도 교수는 소비자의 물성의 특성을 알아야 한다고 말한다. 물성을 통해 소비자가 알고(인지적), 좋아하고(정서적), 구매하도록(행동적) 만들어주는 일련의 노력이 물성매력을 의미한다고 말한다. 설교자도 청중의 물성이 어떤 것인지 정확히 알아 그들의 감각을 자극할 수 있어야 한다.

청중의 물성을 알기 위해 설교자는 먼저 청중의 물성 매력을 파악해야 한다. 파악한 다음 청중의 감각을 어떻게 자극할 수 있는지 분석해야 한다. 그러면 설교자는 청중의 감각이 하나님을 향하도록 일깨울 수 있다. 결국 청중이 설교에 관심을 갖게 한다. 영적 갈증을 해결하는 설교를 한다. 청중이 하나님의 마음을 품게 한다. 이런 설교가 살리는 설교다.

세상은 과학기술의 발달로 그에 맞는 인재를 원한다. 인재는 뛰어난 기술력만으로 안 된다. 창의력까지 갖춰야 한다.

설교자도 마찬가지다. 탁월한 성경 해석으로만 안 된다. 청중의 감각을 완벽하게 파악해 알고 있어야 한다. 그렇게 준비한 설교에 청중은 하나님을 만나는 경험을 한다. 청중의 두 눈이 설교에 눈을 반짝거리며 반응한다.

김난도 교수는 물성화에 가장 진심인 것이 종교라고 말한다. 그는 요한복음 1장 14절의 "말씀이 육신이 되어…" 구절의 '육화'를 성스러움이 물성을 통해 우리 앞에 현현하는 과정이라고 말한다. 그는 종교적 물성을 느낄 때 신앙심은 더 깊어진다 말하며 물성의 역할이 중요하다고 말한다. 앞으로 물성매력은 더 존재감을 드러낼 것이라고 보탠다.

설교로 청중을 살리려면 설교자는 청중의 물성매력을 정확하게 분석해 파악하고 있어야 한다. 그다음 청중이 감각적으로 반응해 인격에까지 전이되도록 설교해야 한다. 그럴 때 청중의 영혼은 하나님의 영감과 인간의 오감의 활발한 반응으로 완성된 설교로 인해 하나님을 기쁨으로 받아들인다.

바리새인처럼 죽이는 설교가 아니라 예수님처럼 살리는 설교를 해야 한다

AI시대에 죽이는 설교는 챗GPT에 의존하는 설교다. 자기 것이 아닌 남의 것으로 하는 설교다. 챗GPT 활용은 생각이 막힐 때 참고용으로 족하다. 자기 안에서 설교의 샘물을 퍼 올리지 못할 때 생각을 열어주는 정도에 그치는 것으로 머물러야 한다.

청중을 살리려면 설교자가 영적으로 살아 있어야 한다. 설교자에게 말씀이 샘솟듯 솟아올라야 한다. 설교자의 말씀 묵상이 신선해야 한다. 독서가 매일 이루어져야 한다. 설교자의 시간 활용이 맛깔스러워야 한다. 설교문을 쓸 때 막힘이 없이 쓸 수 있어야 한다.

설교자가 영적으로 살면 청중도 영적으로 살아난다. 만약 설교자가 살 것을 살지 못하고 죽으면 청중도 듣는 설교로 인해 죽을 수 있다. 설교자는 예수님을 모범으로 삼아야 한다. 예수님은 살리는 설교의 모범이다. 바리새인은 죽이는 설교의 모범이다.

누가복음 18장 10-12절을 보자. "두 사람이 기도하러 성전에 올라가니 하나는 바리새인이요 하나는 세리라 바리새인은 서서 따로 기도하여 이르되 하나님이여 나는 다른 사람들 곧 토색, 불의, 간음을 하는 자들과 같지 아니하고 이 세리와도 같지 아니함을 감사하나이다. 나는 이레에 두 번씩 금식하고 또 소득의 십일조를 드리나이다."

예수님이 설교하면 수많은 청중이 더 듣기 위해 새벽부터 밤까지 집에 가지 않고 따라다닌다. 오병이어 기적을 경험한다. 오병이어 기적은 설교를 들은 청중을 예수님께서 불쌍히 여기셔서 기적을 베풀어 먹이신 사건이다.

바리새인이 설교하면 청중은 듣고 갈 길 간다. 바리새인은 자기 자랑만 실컷 늘어놓았기에 그렇다. 바리새인처럼 자기 자랑을 늘어놓는 사람은 좋아하지 않는다. 그들은 토색, 불의, 간음하는 자들과 같지 아니하고 이 세리와도 같지 않음, 이레에 두 번씩 금식함, 소득의 십일조 드림을 자랑한다. 청중은 자기 자랑 많이 하면 같이 어울리려 하지 않는다. 인격이 추하다고 단정해 설교 듣기도 거부한다. 예수님은 바리새인의 자기 자랑을 책망하신다.

베드로도 살리는 설교를 한다. 그가 살리는 설교를 할 수 있었던 것은 하나님의 말씀에 붙잡혔기 때문이다. 사도행전 3장 1절부터 10절이다. "제 구 시 기도 시간에 베드로와 요한이 성전에 올라갈새 나면서 못 걷게 된 이를 사람들이 메고 오니 이는 성전에 들어가는 사람들에게 구걸하기 위하여 날마다 미문이라는 성전 문에 두는 자라 그가 베드로와 요한이 성전에 들어가려 함을 보고 구걸하거늘 베드로가 요한과 더불어 주목하여 이르되 우리를 보라 하니 그가 그들에게서 무엇을 얻을까 하여 바라보거늘 베드로가 이르되 은과 금은 내게 없거니와 내게 있는 이것을 네게 주노니 나사렛 예수 그리스도의 이름으로 일어나 걸으라 하고 오른손을 잡아 일으키니 발과 발목이 곧 힘을 얻고 뛰어 서서 걸으며 그들과 함께 성전으로 들어가면서 걷기도 하고 뛰기도 하며 하나님을 찬송하니 모든 백성이 그 걷는 것과 하나님을 찬송함을 보고 그가 본래 성전 미문에 앉아 구걸하던 사람인 줄 알고 그에게 일어난 일로 인하여 심히 놀랍게 여기며 놀라니라."

청중은 베드로의 생명력 있는 설교, 살리는 설교를 듣고 깜짝 놀란다. 그 뒤 베드로를 위시한 사도들이 설교를 할 때 "말씀을 들은 사람 중에 믿는 자가 많으니 남자의 수가 약 오천이나 되었더라(행 4:4)"라고 한다.

설교자는 예수님처럼 살리는 설교를 해야 한다. 베드로처럼 살리는 설교를 해야 한다. 바리새인처럼 죽이는 설교를 하지 않아야 한다. 살리는 설교를 하려면 말씀에서 영적인 샘물을 퍼올려야 한다. 챗GPT에 의존하는 설교를 멈춰야 한다.

살리는 설교는 어떤 설교인가?

설교자의 영혼을 말씀과 일치시킬 때 청중을 살릴 수 있다. 자신을 바꿔야 한다. 이전과 다른 나로 만들어야 한다. 다른 나를 만들려면 먼저 질문해야 한다. 류시화는 《당신을 알기 전에는 시 없이도 잘 지냈습니다》의 〈물음표〉에서 "우리의 눈은 사랑하는 사람을 발명하는 법을 어떻게 배웠을까?"라고 읊는다.

지금 청중의 뜨뜻미지근한 반응에서 열광적인 반응을 얻도록 설교하려면 질문해야 한다. '나를 어떻게 바꿀 수 있는가?' 이런 질문으로 나를 바꾼 사람이 있다. 500권 이상의 책을 쓴 다산 정약용이다. 그는 자신의 인생을 글쓰기로 바꿨다. 인생만 바꾸지 않았다. 다른 사람을 도왔다. 다른 사람을 돕고 세상과 시대를 변화시켰다. 자신을 살리기 위해 몸부림치며 쓰던 글은 다른 사람을 살리는 글이 되었다. 나아가 세상을 살리는 글이 되었다. 이 글은 최효준의 《나를 넘어 세상을 바꾸는 다산의 글쓰기 전략》에서 한 말이다. 그는 자신을 바꾸어 위대한 인생이 되었다.

설교자는 청중을 살릴 때 위대한 설교자가 된다. 위대한 설교자란 우리가 넘볼 수 없는 사람이 아니라 나를 바꾸면 되는 사람이다. 설교자에겐 청중을 살리면 위대한 사람이다.

청중을 살리는 설교자는 누구나 할 수 있다. 현실적으로 누구나 할 수 없는 것을 우리는 안다. 우리는 이 일을 위해 나에게 도전해야 한다.

우리가 하나님을 왜 경외하는가? 우리가 하나님을 존경하고 경외하는 것은 사람을 살리는 분이기에 그렇다. 사무엘상 2장 6절은 이렇게 말한다. "여호와는 죽이기도 하시고 살리기도 하시며 스올에 내리게도 하시고 거기에서 올리기도 하시는도다." 요한복음 5장 21절에 이렇게 말한다. "아버지께서 죽은 자들을 일으켜 살리심 같이 아들도 자기가 원하는 자들을 살리느니라."

하나님의 특기는 청중을 살리기다. 우리는 청중을 살리려고 하는데 잘 안돼서 고민이 많다. 하나님은 사람을 살리신다. 우리도 청중을 살려야 한다.

첫째는 청중을 살리려면 설교자의 영혼을 말씀과 일치시켜야 한다. 설교자가 바뀌어야 한다. 둘째는 나의 한계를 넘어서야 한다. 많은 설교자가 소원은 품지만, 소원을 이루지 못하는 것은 자기 한계를 넘어서지 못하기 때문이다.

〈아트설교연구원 설교시리즈1〉은 '들리는 설교'다. 두 번째 책인 이 책은 '살리는 설교'다. 살리는 설교라는 제목을 잡은 것은 청중을 살리는 것이 설교의 동기, 목적, 방향이기에 그렇다. 점점 교회가 한국에서 힘을 잃고 있다. 그 이유 중 하나가 청중을 살리지 못하는 데 원인이 있다고 생각한다.

이 책은 한국 교회를 살리는 방법으로 네 가지를 제시한다.

첫째, 설교자의 삶이 살아야 한다. 둘째, 묵상이 살아야 한다. 셋째, 독서와 글쓰기를 해야 한다. 넷째, 시간을 살려내야 한다.

필자들은 이 책에 작은 소망을 담는다. 한국 강단에 작은 빛줄기가 되기를 바란다. 설교자가 살아서 한국 강단이 살기를 바란다.

작은 소망이 이루어진다면 이 책은 사명이 완수된다. 세 번째 책은 '말하는 설교'를 다룰 계획이다.

김도인 목사

〈아트설교연구원〉 대표이자 출판사 〈글과길〉 대표이다.
저서로는 《설교는 글쓰기다3》, 《목회트렌드 2025》 등이 있다.

저자 프로필

김도인 목사

〈아트설교연구원〉 대표이자 출판사 〈글과길〉 대표이다.

지천명 때 독서를 시작해 10년 만에 5,000여권의 책을 읽은 독서가이다. 설교자들에게 글쓰기로 설교를 가르치며, 독서 코칭, 글쓰기 코칭, 책 쓰기 코칭, 책 쓰기 여행 등을 하고 있다.

저서로는 《설교는 글쓰기다》, 《나만의 설교를 만드는 글쓰기 특강》, 《설교는 글쓰기다3》, 《설교는 인문학이다》, 《설교자와 묵상》 등 20여권 이상 있다.

한국교회에 목회트렌드를 제시하는 《목회트렌드 2025》, 《목회트렌드 2024》 《목회트렌드 2023》, 《설교트렌드 2025》, 《살리는 설교》등을 기획해 출판 중이다.

박윤성 목사

기쁨의교회 담임목사로 19년째 사역 중이다. 총회 교회자립개발원 이사장이자 복지법인 기쁨해 이사장이다.

총신대신학대학원을 졸업하고 미국 탈봇신학대학원에서 신약학(Th.M)을 공부했고 풀러신학대학원에서 김세윤 교수의 지도하에 목회학 박사학위(DMin)를 받았다.

부산 수영로교회에서 목회를 배운 뒤 지성과 영성을 겸비한 목회자가 되기 위해 자기 훈련을 게을리 하지 않고 있다.

저서로는 《요한계시록 어떻게 가르칠까》, 《히브리서 어떻게 가르칠까》, 《수영로교회 소그룹 이야기》, 《주의 날개 아래 머무는 자》, 《톡톡 요한계시록1, 2》, 《포스트 코로나시대의 리더십, 정의로운 교회》, 《목회트렌드 2025》, 《목회트렌드 2024》, 《목회트렌드 2023》, 《설교트렌드 2025》 등이 있다.

권오국 목사

이리신광교회 담임목사이다.

강원도 정선의 산골 교회에서 목회하시던 아버지를 보면서 목회의 꿈을 꾸었다. 20대 초반 급진적 회심을 통해 구원과 소명의 확신에 도달했다. 목회비전은 영혼을 깨우는 설교와 건강한 교회 세우기다. 청년 시절 JOY 선교회에서 활동하면서 공동체와 제자훈련을 경험했다.

서울 영락교회에서 전임전도사로 사역하면서 교구사역과 상담사역을 했다. 서교동교회와 번동제일교회에서 청년사역자로 젊은이들을 섬겼다.

시애틀 '안디옥장로교회'에서 8년 동안 담임으로 한인교회를 섬겼다.

장로회신학대학교에서 M.Div 와 Th.M.(역사신학)을 전공했고, Liberty Universaty에서 STM 을 공부했다. San Francisco Theological Seminary 의 D.Min 과정에서 "기독교인의 정체성 확립을 위한 세례교육"이란 제하의 논문을 썼다.

이리신광교회에서 "하나님 나라를 실현하는 예수님의 제자공동체"라는 비전을 품고 선교적 소그룹 중심의 성경적 교회를 세우는 목회를 하고 있다.

저서로는 《행복, 다시 정의하다》, 《목회트렌드 2025》 등이 있다.

이재영 목사

〈아트설교연구원〉 부대표이다.

저서로는 《말씀이 새로운 시작을 만듭니다》, 《동행의 행복》 《희망도 습관이다》, 《신앙은 역설이다》 있고, 공저로는 《감사인생》, 《설교트렌드 2025》 등이 있다.

저자 프로필

석근대 목사

대구동서교회 위임목사이자 사회교육전문요원과 목회컨설턴트다. 대구지역에서 글쓰기 강사, NAVER 검색어: 글바느질과 마음 뜨개질, 현재, blog naver. com>solom21로 활동 중이다.
저서로는 《삶을 쓰는 글쓰기》, 《일상에서 신앙 찾아가기》, 《설교트렌드 2025》 등이 있다.

박혜정 선교사

알바니아 선교사이자 GMP 개발연구위원이다.
중국 상하이에서 중어중문학을 공부했다. 2009년 GMP 선교사로 허입되었다. 태국을 거쳐 현재 알바니아 티라나에서 한국어 교습, 집시사역, 글쓰기를 가르치고 있다.
저서로는 《누구나 갈 수 있는 아무나 갈 수 없는 중국유학》, 《목회트렌드 2023》, 《목회트렌드 2024》, 《목회트렌드 2025》, 《다음세대 셧다운》, 《오늘도 삶의 노래를 쓴다》, 《설교트렌드 2025》등이 있다.

김현수 목사

한 명의 영혼을 구원하기 위해 잠실에 행복한나무교회를 개척해 행복하게 섬기고 있다.
한국침례신학대학교 대학원을 졸업하고 한세대학교에서 구약학 석사학위를 받았다.
저서로는 《메마른 가지에 꽃이 피듯》, 《설교트렌드 2025》 등이 있다.

남정우 목사

대구 하늘담은교회 담임목사이다.
장로회신학대학원 졸업한 뒤 육군군종목사로 사역을 시작했다.
총회파송 러시아선교사, 서울여자대학교 대학교회 목사, 장로회신학대학교 선교학과 교수로 사역을 했다.
저서로는 《이야기로 푼 선교학》, 《동방정교회 이야기》 등이 있다.

김인해 목사

목포호산나교회 위임목사이다.
부산출생으로 부산동주대학교, 한일장신대학교 신학과(Th.B), 한일장신대학교 신학대학원(M.Div)을 졸업했다.
예장통합총회국내선교부 부흥전도단 지도위원, 호남상임부단장, 국제목회자성경연구원 강사, 사랑의언어&독서 연구소 소장, CTS기독교tv 대표상임회장이다.
저서로는 《대화가 인생을 UP 시킨다》가 있다.

황상형 목사

대구동서연경교회 부목사이다.
영남신학대학교, 영남신학대학 신학대학원를 졸업했다.
저서로는 《출근길 그 말씀》, 《설교트렌드 2025》 등이 있다.

저자 프로필

허진곤 목사

무주 금평교회 담임목사이다.
한일장신대학교 기독교교육(Th.M)학과를 졸업했다. 에세이문예 신인상을 수상했다.
저서로는 《설교트렌드 2025》, 《다음 역도 문학녘》 등이 있다.

이지철 목사

품는 교회 협력 목사이자 Next 세대 연구소 연구원이다.
동의 대학교 멀티미디어 공학 게임 영상학과, 칼빈 신학대학원 목회석사학 과정(M.DIV), 총회 신학원 신학과를 수료했다.
저서로는 《우리는 장난감과 산다》, 《설교 트렌드 2025》 등이 있다.

https://www.youtube.com/@yenayeslpapa
https://www.facebook.com/eunahusband
yenayeslpapa@kakao.com